災害支援に女性の視点を！

竹信 三恵子・赤石 千衣子 編

岩波ブックレット No. 852

はじめに

竹信三恵子

二〇一一年三月一一日、当時の勤め先だった東京の新聞社の編集局で、私は津波が地上をなめつくしていく映像を、声もなく見守っていた。こんな災害の中で、何を伝えてもむなしいという無力感の中で、考え続けていたことがあった。災害の規模が大きければ大きいほど、声の小さい人々は支援や復興から取り残されていく恐れがある、その声をすくい上げる何かが必要だ、ということだった。三月末、私は新聞記者から大学へ転職した。最後の記事は、女性や貧困層など「生活弱者」を視野に入れた震災支援策を求めるコラムだった。

だが、その後、聞こえてきたのは、着替えの場所もないような女性への配慮を欠いた避難所の実態だった。女性関連の支援物資が十分でない状況も、女性の支援ボランティアを通じて浮かび上がった。家族を失った女性たちから、安定雇用への道筋が見えないことへの不安の声も出た。にもかかわらず、そうした声が取り上げられることは少なく、「一丸となって頑張る被災者たち」の像ばかりが広がった。こうした事態への疑問が高まっていたとき、国際NGO「オックスファム・ジャパン」から、災害時の女性支援を広めるための組織づくりを支援したいとの申し出が舞い込んできた。国際的な災害支援では当然とされている女性をはじめとする多様な人々への支援の視点が、日本ではないに等しいというのだった。

阪神・淡路大震災で被災女性の問題に気づき、その解決に取り組んできた研究者やNGOメンバーの女性たちを中心に、二〇一一年五月、「東日本大震災女性支援ネットワーク」が生まれた。

被災地の女性たちの支援に取り組んでいた他の団体の協力にも支えられ、同ネットは、女性被災者の声を吸い上げるパイプ作りや行政への政策提言、女性支援のノウハウをまとめた事例集を出版した。こうした実践をもとに、女性支援や復興策の必要性を伝えようと企画されたのが、本書だ。

実は、「女性支援」の言葉については、メンバーにもためらいの声があった。置き去りにされているのは、障害者や性的少数者、外国籍住民、経済的弱者など、他の社会的少数派も同じだ。それぞれの困難に見合った「多様な支援」こそ必要ではないのかとの思いだ。「女性」より、「ジェンダー」の言葉がふさわしいとの意見もあった。「社会的、文化的につくられた性」を意味する「ジェンダー」なら、「男らしさ」を生きることを強いられ、被災の苦しみを率直に表明できずに自殺や孤立に追い込まれて行く男性の生きづらさも浮かび上がらせることができるからだ。

ただ、男女分業が根強い日本社会で、女性は生活分野を担わされてきた。その発言力の弱さは、生活に根差した支援や復興策が取りこぼされる原因にもなっている。また、高齢者や子どものケアを担うことの多い女性の要求が政策に反映されにくい現状は、これらの被災者の生きづらさも招いている。人口の半分を占める女性被災者に焦点をあてることで、被災者支援と復興策のいびつさが見えてくる。そんな思いから、本書では、あえて「女性支援」を掲げることにした。

消費増税が決まった二〇一二年八月。訪れた被災地では、暮らしの基礎ともいえる住宅の再建は一向に進まず、一方で、効果が危ぶまれてきた大規模な堤防の建設計画が、早くもささやかれ始めている。そんな生活不在、少数派不在の災害支援・復興に歯止めをかけるためにも、本書にあふれる女性被災者たちの現実を、まず直視することから始めていただきたい。

Ⅰ　東日本大震災下の女性たち——何が起きたか

第1章　見えない被害、届かない声

東日本大震災では、あまりに大きな被害の陰に隠れて、女性たちの状況は容易に見えてこなかった。女性たちはそのとき、どう動き、どんな問題が降りかかったのか。この章ではまず、震災前から宮城県内で、夫や恋人からの暴力（domestic violence＝ＤＶ）の被害にあった女性たちの支援のＮＰＯ活動に取り組んできた八幡悦子の被災体験から始めてみたい。

仙台の内陸部で震災にあった

二〇一一年三月一一日の震災時、私（八幡）は仙台市で、乳児期の母親たちに育児講座を開催中だった。母子の移動を手伝い、ビル前の広場まで避難した。人々の上に、雪が降ってきた。東京の娘から津波を心配し「お母さん逃げて、逃げて！」とメールが届いた。私はこんな市内で津波避難を叫ぶ意味が分からなかった。続く余震の中、母子や老年期の方のお世話を夕刻まで行った。バスもタクシーも来ない。老年期の人も、ベビーカーの母子も「暗くなる前に」と、歩いて自宅を目指した。歩けなくなった老年期の方を、車椅子で区役所にお連れし保健師にお願いした。

午後六時過ぎ、信号の消えた暗い道路はどれだけ危険かと思ったが、予想外にスムーズに自宅についた。内陸部の市民は冷静だった。自宅では、旧式の石油ストーブで暖をとり、家族は居間に集まった。手回し充電ラジオで、津波で多くの人が亡くなっているのを知った。続く激しい余震の中で「この世は明日もあるのだろうか」と思った。

四日目でようやく電気が来たが、テレビの津波映像は見たくなかった。食品の買い出しには、四時間並んだ。順番は一五〇〇番目。西日本から届いた食品を買い込んだ。そこに東京の娘のメール。「お母さん、雨にあたらないで、放射能だよ」と。原発事故は知ってはいたが、目の前のことに精一杯で考えたくなかった。路上で体は冷え切り、夜に腹痛をおこし救急病院にいった。ここでも二時間待ちだったが、沿岸部で多くの人々が亡くなっていることを思い感謝した。

市ガスが回復し、自宅で入浴ができたのは一カ月後だった。自宅マンションは半壊と判定された。頼れるのは自転車と足しかない。昭和の生活を思い出した。ネットで親族・友人捜しをした。

沿岸部の被災地へ

四月になり、ガソリンが入手でき故郷の石巻に駆けつけた。沿岸部の町は壊滅的だった。変わり果てた故郷に言葉を失った。NPO活動も仕事も、四月は中止となった。車で支援物資を買い込み、友人・親族のところに通い続けた。支援物資が次第に全国から集まり出した。私たちがDVや性暴力の被害者のために設立した救援センター「ハーティ仙台」の仲間や、関東・関西からの支援者と車四～五台を連ねて、各地の避難所や津波被害で壊れた自宅に住む知人を訪問した。

相馬市内のこの避難所は衝立がなく，隅には衝立が重ねておいてあった．「みんなで衝立はなしと決めた」という（2011 年 5 月，赤石千衣子撮影）

訪れた避難所で、着替えや授乳など、女性がプライバシーを守れる場所がまったく保障されていない事実に出会った。

四月中旬ともなると、テレビのニュースでは、「避難所にはプライバシーを守るためさまざまの衝立《ついたて》が立っている」と報道され始めていた。しかし、親族のA子がいる避難所では、衝立がなかった。彼女は四〇代のシングルだったが、約一二〇人の避難者の半数は男性で、家族連れが多く、シングル女性は少数派だった。A子は津波で家も両親も流され、水没した車から、奇跡的に助け出された。車があった一帯は、その後燃えあがり、黒焦げの住宅地は、まるで戦地の様な風景だった。彼女は両親の遺体を捜しに、往復三時間かけて自転車で安置所に通っていた。

町中は津波のヘドロが乾燥し、ほこりになって舞っていた。男性たちが行きかう避難所の干し場に女性の下着を干せず、濡れたまま仕舞い込んでいた。それは盗難防止のためでもあった。遠い地区のコインランドリーまで自転車で行き、行列に並び、三時間かけて帰っていた。

シャワーは、女性利用の時間帯に帰れないと利用できなかった。「いつもほこりにまみれて、気持ち悪い」とA子は言った。私は、アルコールの清拭・洗髪のセットを渡したが、自由に体を拭く部屋がなかった。更衣室は、ダンボールのはぎ合わせで、誰も利用していなかった。彼女は毛布の下で着替えをしていた。自分のスペースは畳一畳ほど。頭の部分に段ボールの荷物を積み上げ、プライバシーを確保しようとしていた。しかし、衝立のない隣では、熟年男性が着替え、寝ていた。

リーダーは自薦の六〇代男性だった。彼は「皆さん私たちは家族です。衝立はいらないですね」と語った。副リーダーの女性も彼の親しい人で異論を唱えず、多数決は拍手。家も家財も身内もなくし、疲れ果てた人々は、同意の拍手を送った。拍手しない少数の人々の意見は無視された。

リーダーの独特のエコ理論で、夜八時に消灯となった。彼女は今後のことを考えるため、遅い時間のテレビニュースを見たり、インターネットの検索をしたかった。意地でも毛布の中でラジオをイヤホンで聴き続けた。節電しなければならないのは遠い都会であって、避難所ではないはずだ。学校は休校なのだから二部屋を貸してくれたら、女性の更衣室・授乳室、夜の情報室ができるのに、と思えた。

彼女は、その後、仙台のわが家に泊まり、日常感覚を取り戻した。ネットで各地の避難所の様子を検索し、「腹が立ってきた」と語った。私は、内閣府から「女性の更衣室やトイレ、衝立の設置について通達が発信されているはず」と思い、行政に衝立設置の希望を伝えた。「調査したが、まだ数が不足のようだ」と返事が来た。実は数はあった。すぐ隣の避難所の建物は、その時点で衝立が立ったが、A子の避難所はガンとして立たなかった。

女性から「通勤する夫や通学の子どもに弁当を持参させたい」という希望が出ると、リーダーは「男はあてになりません。おかあちゃんたち自炊しましょう」と叫んだ。炊事ができないタイプの避難所で、配給で食べていたが、弁当の希望が出たのを機に女性に炊事を担当させたいというのだった。

A子は、特に気が弱い女性ではない。しかし、自宅・家業・両親もなくし、奇跡的に津波から生還し、避難所を転々としており、避難所で意見を主張する気力はなかった。しかし、「自炊しましょう」の呼びかけに、さすがに彼女は挙手して反対意見を述べようとした。昼間は父母を捜して外へ出ていたので、「女性は炊事を」という提案を受け入れることは、とてもできないと思ったからだ。すると周囲の人々が「ここにいたいのなら、やめた方がいい」と引き止めた。「和を乱す人は出て行ってもらいます」というリーダーの根拠のない警告が効いていた。彼になんの決定権があるというのか。だが、人々の権利意識は低下していた。避難所を管理するNPOも、当事者の自治を尊重して、このような点には介入していないようだった。

女性のリーダーも「衝立はいらない、家族なのだから」と言っている避難所が、沿岸の町にあった。彼女は七〇代で、民生委員として忙しく、自宅の二階が残っていて、避難所にいる時間は少なかった。一方、県南の女性の友人も七〇代だったが、自宅が全壊し、「衝立がない場所で寝るのはいやなの」と語っていた。同じ体育館の中で女性だけの区画があり、そこに移動したかったが、「同じ町内の縛りでわがままは言えない」と言った。災害時には、男女平等や個人の尊厳を叫んでも、その声はかき消されてしまう。平時から男女のプライバシーの尊重、つまり、一人ひとりの人権教育の推進が大事なのだ。

避難所運営に必要なこと

そんな体験からわかったことは、避難女性には仕切り・着替え室、さらに乳幼児のいる女性には授乳室が必須ということだ。女性だけの部屋、せめて女性だけの区画がほしい。こうしたことが避難所のマニュアルとして明記されることが不可欠だ。女性のプライバシーが確保されているかどうかの、チェック機能も必要だ。大災害時は、地元の行政は疲弊している。避難者も遠慮して声が出せない。となれば、日常の生活支援を担当していない第三者が点検する仕組みをつくるしかない。匿名で意見が出せる投書箱や、メールの投稿など、民主的に意見を出せるシステムも必要だ。

無料電話相談の広報、特に確実に女性に届くような広報も大事だ。それには、女性用フリー・ダイヤルの「パープル・ホットライン」のように、女性の下着配布に広報カードを同封するなどの配り方が有効だろう。避難所にはフリー・ダイヤルのチラシはなく、知らない人が多かった。無料電話は通路にあり、「三分以内で」と書かれていた。

避難所には女性対象の女性による面接調査・相談も必要だ。面接員は、避難所リーダーなどの直接的な生活支援者とは別人にしないと、本音が言えない。避難も長期になれば、日中は仕事に出る人もいる。消灯後の情報収集の場所が必要だ。そのためには、消灯後に、テレビのニュースを見たり、インターネットを検索したり、日記をつけるなど自分の記録を行う部屋を避難所設置の際の要件にしてほしい。

被災地の女性支援

「ハーティ仙台」は、ＤＶや性暴力の被害者支援なので、事務所も活動も非公開だ。そこで、女性被災者の支援は「みやぎジョネット」という別組織をつくった。女性たちにと、海外や日本の各地の個人・団体・企業から山ほどの支援物資が届いた。こうした物資が女性たちの手に確実にわたるよう、各種の手工芸、ヨガ、アロマ・メイクのサロン、ハンドマッサージ、ネイルケアサロン、お抹茶会、などの女性向けの多様なサロンを開催した。その時、私たちは、ＤＶや性暴力の女性支援のボランティアであることを伝えた。日本の復興支援は、見舞い金まで世帯主へ一括支給するという「世帯主義」だ（第４章参照）。そんな中、この切り口は、女性たちには嬉しく感じてもらえたと思う。相談のパンフレットを渡し続けた。女性を対象にしたＩＴの実技講習会、被災者たちが自身で写真を撮り発表することで自らの気持ちを外に表明する「フォトボイス」というグリーフケア（悲しみの癒やし）、女性就労支援の介護ヘルパー講座なども開いた。

先行きの見えない不安の中、女性への暴力も増えている。私は、次第に顕著になるＤＶ・離婚の相談に一段と忙しくなり、一年を区切りに、「みやぎジョネット」の代表を交代した。その後も被災地の見学、女性支援の希望が全国から来る。こうした人たちと、被災地の女性たちを橋渡しする中間的な組織は不可欠だ。だからこそ、困難な中、この活動は継続されている。

第2章　災害時における女性への暴力

第1章の八幡の体験からもわかるように、避難所では女性への役割の強制や女性に固有のニーズの無視など、少数派が声を出せない状況が少なからず起きていた。そんな中で懸念されたのが、女性への暴力だ。

阪神・淡路大震災との違い

一九九五年の阪神・淡路大震災では、震災後の性暴力被害はデマとみなされ、公式にはなかったことになっている。だが、当時、筆者（正井禮子）が被災地の神戸で、女性支援ネットワークの活動をする中で、性暴力に関して関係者から聞いた話に、次のようなものがあった。

避難所で性被害が起きて行政の担当者が呼ばれていくと、避難所責任者が「加害者も被災者だ。大目に見てほしい」と言われて愕然《がくぜん》としたという。また、避難所で教室ごとに複数の家族が一緒に生活する中で、娘さんが母親の不在時に、同室の男性から被害を受けたという。震災時の性暴力事件はデマだとする扱いに対して、「震災後の神戸を舞台にした性被害ということなら、東京にいる私のところにさえ複数の相談が寄せられた」と精神科医の斎藤学氏は述べている（「オトコの生き方」『毎日新聞』一九九九年四月六日付）。

東日本大震災に際し、阪神・淡路大震災時と異なったのは、国がいち早く被災地に対して女性に対する暴力防止を呼びかけたことである（内閣府、二〇一一年三月一六日、二四日）。背景には、二〇〇四年のインド洋大津波の際のスリランカや、二〇〇五年のアメリカのハリケーン・カトリーナの際の避難所で、性暴力が発生していたことが伝えられていたこと、配偶者暴力防止法がすでに制定されており、十分と言えないまでも配偶者からの暴力を受けた女性の保護の道筋ができていたこと、その後の神戸や横浜における国際防災会議の採択文書の災害・復興過程におけるジェンダー視点導入の強調、性暴力防止についてのこの間の女性たちの運動の高まりと、裁判員裁判において、性被害の実情が、一般社会に多少とも知られるようになったこと、などがある。

二〇一一年五月の早い段階で宮城県警・岩手県警は、性暴力被害は一件も起きていないとする記者発表を行った。今回は、警察や自衛隊などがいち早く避難所まわりを実施するなど厳重な警備体制をしいていたということもある。ただし、「もしそのような被害があれば、いつでも安心して相談してください。相談電話は〇〇です」という案内も同時にあればと思った。そんな事件は一件もないときっぱりと言われると、被害者は訴えにくいのではないかと感じた。

しかし、七月には気仙沼の避難所で強姦致傷事件が（共同通信、二〇一一年七月三日配信）、八月には宮城県内の仮設住宅でＤＶ殺害事件が起きた（時事通信、二〇一一年八月一九日配信）。その後も被災地での性暴力事件がいくつか報道され、ＤＶ夫が避難所を回って妻を捜す、という事態も女性被災者を支援するグループから報告されている。

「女性と子どもへの暴力」調査

海外では災害時に女性への暴力が増加することが、調査によって明らかにされているが日本ではその実情把握さえ遅れている。東日本大震災女性支援ネットワーク（担当者：吉浜美恵子、ゆのまえ知子、柘植あづみ、池田恵子、アドバイザー・正井禮子）では日本における実情と対策を明らかにしようと、各方面の協力を得て「災害・復興時における女性と子どもへの暴力」に関する調査を二〇一一年一一月から二〇一二年六月末まで実施した。

被災した女性を支援している団体、グループ、個人に質問票を配布し、主として被災した女性たちの相談に関わった人たち（相談員・医師・助産師、その他ボランティアなど）から、約一〇〇事例が寄せられた。この調査は、事例の詳細を把握分析し、今後の復興過程や、新たな災害発生に際しての対策に生かしていくための調査である。目下、分析中だが、どのような被害が起きていたかを中心に、およそのことを記しておきたい。

さまざまな暴力と人権侵害

①震災前からのＤＶの継続とその変化

震災前から夫の暴力があったという女性が多い。地震、津波、原発被災によるストレスが要因になって、よりひどくなったり、暴力の形態が変わったりする場合もある。

家や車、家財を失う、失業する、親族・家族を亡くす、などの有形・無形の喪失体験に遭遇したり、転職、転居、複数世帯同居から二人世帯になる、あるいはそれまで同居していなかった人たちと同居するようになる、などの環境の変化にかかわることも、暴力の背景としてあげられる。

震災後、夫や自分の親、あるいは親族と同居したので身体的暴力はなくなったが、言葉の暴力や、義捐金・補償金などを妻に渡さない、生活費を渡さないなどの経済的暴力がある。これらの金銭を、他の女性や趣味・「風俗」に使ってしまう、子ども手当も使ってしまうなどの事例もある。震災がきっかけで、暴力夫と離婚にいたる例や、逆に別れようと思っていたのに、被災して心細かった時に駆けつけてくれてよりが戻った例も複数あった。よりが戻っても、実際には女性の金品が勝手に使われたり、奪われたりする被害も起きている。

②避難所、その他の場所で性暴力被害が発生している

米国のハリケーン・カトリーナの避難所でレイプ事件が起きていたとの報道に接した時、私たちは、「それは米国だから」などと他人事としてとらえていなかっただろうか。しかし日本においても、被災者である男性からの性行為の強要など、性暴力被害が発生している。震災・津波などで夫を亡くしたり、失業したり、家財を失うなどで弱い立場に置かれ、支援を必要とする女性に対して、いわゆる対価型の性暴力の事例が複数ある。たとえば、リーダーなどが食料や生活物資を分け与えたり、「守ってあげる」などの甘言を用いて性関係を強要する事例や、また住居の提供などへの対価として強要する事例などである。避難直後から警察・自衛隊の巡回が始まるまでの大混乱の異常な状況の中で発生している場合もある。地域の年配の女性に相談しても「がまんしろ」「(被害に遭うのは)当たり前のことだ」「若いから当然」などと言われたりしている。こうした性被害への周囲の無理解は、相談のしづらさを一層助長している。また、夫を失ったり離婚したりした女性に、「面倒を見てやる」と男性が執拗につきまとい、安心して避難していられなかったという事例なども、支援者から複数報告されている。

性関係の強要でなくとも、ちょっとした親切を施した上で、自分の身のまわりに侍《はべ》らせることを強要するという例もあった。

その他にも日常的には、避難所で男性が隣に寝に来る、身体を触る、授乳を注視する、のぞく、あるいは医療ボランティア女性に対して検査中にセクハラをするなど、ボランティアの女性に対する性暴力もある。避難者同士であっても力関係には上下がある。仮設住宅の一人住まい女性へ嫌がらせをするなどの例もある。そのほかにも、支援男性が、その立場を利用して被災女性へパワーハラスメントを行った例や、破壊された町の路上や仮設住宅周辺の暗い道で女性が被害に遭った例などもある。

③子どもへの暴力も

災害時には、一層弱い立場の子どもに対する暴力も見落としてはならない。顔見知りでない避難者からストレスのとばっちりを受け、怒鳴られたり、叩かれたりする。あるいは、身体を触られる、キスをされる、下着を脱がされる（男の子も含む）、トイレについてくる、のぞかれる、仮設住宅への帰途に街灯のない道で襲われる、といった性的暴力を受けている。

子どもは親にも言わない場合も少なくない。精神的に落ち着かなくなったり、トイレに一人で行けなくなったりする場合などもある。

④家族・親族、近隣や職場の人からの言葉の暴力

息子、父、兄弟からの暴力や暴言、あるいは姑や親族からの言葉の暴力など、いろいろな関係性の中で女性への暴力が起きている。父親を亡くした子どもから、あるいは夫を亡くした女性が夫の親族から「お前が津波に遭えばよかったのに」などの暴言を受けたり、近隣や職場の人から「補償金が入ったから働かなくていいのでは」など、嫌味を言われたりしている。こうした言葉の暴力を行う加害者も被災者であり、精神的にも経済的にも余裕がなく、切羽つまっていることも、その要因であろう。

平常時から対応策を

災害・復興時におけるDVが顕在化したのは、震災をきっかけに、内閣府や、DVの被害を受けた女性たちにシェルターを提供する団体のネットワーク「NPO法人 全国女性シェルターネット」、一人親家庭の母たちの自助グループ「NPO法人 しんぐるまざあず・ふぉーらむ」などによる相談事業が広範囲に実施されたからだ。

しかし、そうした官民の相談支援体制には各県によって温度差があることが震災以前から指摘されてきた。そのこともまた顕在化したといえる。警察の対応も各県、各地域で差があり、性暴力とその被害についての認識は、なお浸透していない。災害・復興時に起きている女性・子どもへの暴力は、平常時の社会で発生している暴力と本質的には変わらない。災害・復興時において

も、女性・子どもに対するさまざまな暴力が発生する。こうした認識を前提として、具体的には、次のような取り組みがより一層求められる。（1）DVや性暴力防止のためのキャンペーン（特にテレビを通して）や二四時間対応の電話相談などの開設、（2）性暴力被害に迅速に対応できるワンストップ・センターの設置、（3）各地域における相談体制の整備や、警察ならびに保健医療、社会福祉、雇用支援など、さまざまな社会資源へと結びつけるようなネットワークの構築と連携の強化、（4）DVや性暴力の被害を受けた女性や、その同伴家族に対する緊急一時保護の促進、その後の安全な住宅提供（世帯分離して別の避難所や仮設住宅への移動や経済的支援）、（5）日常的にも、防災研修の折にも、自治体や警察、消防・救急、自衛隊、また司法関係者や医療保健者、教員、相談員、避難所や仮設住宅の運営リーダーになりうる地域の役員、NPO・NGOの支援者などに、女性や子どもへの暴力の防止、早期発見と適切な対応についての周知とそれらに関するトレーニング、（6）定期的な被害状況の調査の実施、などである。

前述したように、国は二〇一一年三月には「女性に対する暴力」を含む男女共同参画の視点による、さまざまな文書を発出した。しかし、その認知度は、国の機関、自治体、NPOなど合わせて、四分の一程度にすぎなかった（内閣府男女共同参画局「男女共同参画の視点による震災対応状況調査」二〇一二年七月）。平常時からの女性や子どもに対する暴力への取り組みが、地域社会に浸透してこそ、このような文書の効果もより発揮されるだろう。

（本章での「女性への暴力」とは、国連「女性に対する暴力撤廃宣言」の定義によっており、子どもに対する暴力もそれに準じている）

第３章　雇用不安と女性

東日本大震災は、被災地を中心とする女性の雇用不安を増幅させた。震災直後のパートや非常勤公務員の女性の雇い止めに始まり、被災下での家庭と仕事の両立の難しさ、復興過程での女性のための雇用創出の遅れと、男性を大きく上回る就職難や失業手当の受給率の高さ。そして、復興のカギとして注目される被災地での起業でも、女性固有の困難が立ちはだかっている。女性は男性の経済力に依存していればなんとかなるという日本社会の暗黙の前提が、その背景にある。

被災下の雇い止め

「震災と原発の爆発による放射能汚染で市外に避難していたら、年度末の雇用期限が来て、交渉もないまま仕事を失った」。東日本大震災の直後、労働問題のメーリングリストに、福島県郡山市の臨時保育士からこんなメールが寄せられた。

彼女は市の保育園で週二八時間、一年契約を繰り返す臨時保育士として働いてきたが、六〇歳を迎えて体力の衰えを感じ、二〇一一年四月から毎週土曜日のみ八時間労働の短時間勤務に切り替えてもらえないかと市と交渉中だった。他の保育士たちが敬遠しがちな土曜だけの出勤というシフトなら、みんなに都合がいいはず、という提案に、市は「週一日という勤務枠はない」と難色を示していた。そこへ震災と原発の爆発が起きた。

避難から戻れないまま、契約期間が切れる三日前の三月二八日に立ち寄った勤め先の保育所で、契約の更新はないと知らされた。

二〇一一年度に雇い止めにあった臨時保育士たちは例年より大きく増え、前年度までは契約終了一週間前には届いていた通知も、震災の混乱のためか、わずか三日前にずれこんでいた。「被災後の雇用の確保が大切だと国も行政も呼びかけているのに。女性や非正規の仕事は雇用ではないのか」と、保育士は怒りをぶつける。

被災下では、こうした女性たちの解雇が広がり、労働組合などによるホットラインにも、「震災でこれから景気が悪化するかもしれないから」として、仕事はあるのに契約を打ち切られる女性たちの訴えが少なからず寄せられた。だが、これらの電話相談に参加した中野麻美弁護士は、「労使交渉にまで踏み切る例は多くなかった」と話す。「聞いてもらっただけでありがたかった」と電話を切ってしまうというのだ。「震災で家族が揺れ動いている時に、家族のケア責任を持つ女性は、労使交渉に踏み切る余力がないままあきらめてしまっていた可能性がある」と中野弁護士は推測する。

夫の経済力に依存する中途半端な働き手といった目で見られがちな女性は、生活がかかっている場合でも、会社と争うところまで踏ん張るのが難しい。争議にならなければ、マスメディアも取り上げにくい。女性の解雇が、大災害の下で、「養ってくれる世帯主の夫や親がいる女性が切られるのはしかたない」という偏見の下にもぐってしまっている状況がうかがえる。

ミスマッチの中で

企業が津波などで壊滅した被災地では、避難所や仮設住宅の女性被災者から「心のケアより仕事がほしい」との声も上がっていた。二〇一一年六月に宮城県で出会った四〇代の女性は被災前、自営業の両親と同居して家業を手伝っていた。だが、津波で両親は行方がわからなくなり、女性自身も瓦礫《がれき》の中から救い出されて避難所に入った。その後、避難所から仮設住宅に移ることはできたが、避難所と異なり、自力で生活費を稼がなければならない。仕事を探そうとハローワークに出向き、愕然としたという。求人票は、建設関係や瓦礫の片付けなどの男性を対象にした肉体労働ばかりだったからだ。「女性が自立できそうな求人はゼロで青くなった」と彼女は言う。

被災下では、復興へ向けた建設関係の仕事は増えるが、こうした仕事に女性は吸収されにくい。加えて、女性の主な働き場所だった水産加工場や観光産業の多くが津波で流され、女性の仕事は大幅に失われていたことが、「求人ゼロ」の状況につながった。

関西大学の永松伸吾准教授は、一九二三年の関東大震災でも、復興のための土木作業員には大量の需要が発生する一方で、「知識階級労働者や工場労働者、職業婦人」の失業が深刻化したことを指摘している(『キャッシュ・フォー・ワーク――震災復興の新しいしくみ』岩波ブックレット、二〇一一年)。こうした災害時特有のミスマッチの中で、「女性は男性に食べさせてもらえばいい」との通念が独り歩きすれば、女性の貧困化は避けられない。

『朝日新聞』(二〇一一年一一月三〇日付)は、被災地での女性の就職難の深刻さを指摘し、理由として家族の世話をするために長時間働けないことが仕事の選択の幅を狭めていること、夫が仕事探しのため車を使ってしまうので、仕事探しに出られないこと、などを挙げている。

厚生労働省が発表した被災三県の男女別失業手当受給者は、被災前の二〇一一年二月は男女でさほど差がなかった。ところが震災後、ピークの同年六月時点で、女性の失業手当受給者は男性より約一万人多い四万五五〇〇人に達した。被災からほぼ一年後の二〇一二年二月時点でも、男性が約二万四〇〇〇人と前年同月の一・七倍なのに対し、女性は約三万四〇〇〇人と二・三倍であり、女性に厳しい状況が続いている。こうした男女別の統計も、東日本大震災女性支援ネットワークが小宮山洋子厚労相に求めて、ようやく公表されるようになった。このデータが先述したような報道の根拠になったことを見ても、男女別の数字把握の重要性がわかる。

「ケアの提供者」としての負担

失業手当受給者数がピークとなった二〇一一年六月、『毎日新聞』(六月三日付夕刊)は、仙台市で被災した女性(三九)に売春をさせていたとして、東京都江戸川区のバーの経営者が売春防止法違反で逮捕されたと報じた。記事によると、女性は自宅の家具の修理などで貯金を使い果たし、勤務先の工場も被災して失業していた。だが、仙台では仕事が見つからず、携帯電話のサイトでお金になる仕事とPRしていた同店を知って上京した。売春を求められ、賃金を受け取るまではと働き続けたとされている。

一橋大学大学院の宮地尚子教授は、『現代思想』二〇一一年八月号で、同年六月に知人の男性から、アダルトビデオの制作費が下がっていると聞いたと記している。この男性の友人が直接制作者から聞いた話として、東北の被災地から来た女性たちが相場より安く雇えるようになっており、また札幌の歓楽街にもこうした女性たちが増えているというエピソードも紹介されている。

女性たちの多くは、平常から家庭内のケア労働の担い手であることを理由に不安定労働を割り当てられてきた。その結果、震災でまず解雇の標的になり、家族のケアに足を取られて労使交渉にも踏み切れず、また、復興需要による雇用からも取りこぼされていく。さらに、不安定で危険の多い性産業に出向き「男性のケア」を受け持って生活費を稼ぐ例も出ているということになる。女性の経済的自立を削いできた「女性は無償のケア提供者」といったレッテルが、震災下で、さらに女性の足を引っ張っている状況がそこにある。

「ケアの提供者」としての負担は、仕事を失わなかった被災地の女性にものしかかっていた。もともと育児や介護などへの社会的な支援が乏しく、女性の無償労働でこれを支えてきた日本では、危機に際して、女性は一段と無償でこれを支えることが求められるからだ。

郡山市内の大手住宅機器販売会社で働く五〇代の女性は、故郷の町が原発事故で立ち入りを制限される警戒区域になり、町内の介護施設から実母と親戚の高齢者が女性の家に避難してきた。フルタイムの仕事に二人の高齢者の介護が加わり、疲れ果てた。「避難してきた多数の親戚の介護や家事負担が女性の肩にかかっているのに、女性の奉仕は当然とされ、支援を求める場がない」と彼女は言う。

ハローワークの職員や保健師などの公務女性たちの中からは、被災者のために出勤しようとすると、義母などから「嫁が家族を放置して仕事に行くのか」と責められる苦しさを訴える声も寄せられた。だが、こうした悩みも、「被災下で頑張る公務員」のイメージの前に、表面化することはほとんどない。『男女共同参画白書』二〇一二年版は、今回の震災で派遣された女性自衛官のうち、子どもがいる隊員たちのために、駐屯地内に一時的な託児所を設けた事例を紹介している。災害によって一段と家族へのケア負担が増す女性や父子家庭のために、企業の短時間労働の配慮や一時的な託児・託老所の設置など「被災ワークライフバランス」の措置を、防災計画に入れ込むことが必要とされている。

雇用創出の壁

二〇一二年春に成立した改正労働者派遣法では、極端に不安定な登録型派遣を禁止する条項が削除された。理由のひとつとして、経営側の「若者や女性、被災者のために雇用の規制強化は難しい」という主張が取り上げられ、これまでの労働政策にちらついていた不安定でも低賃金でも雇用さえあればいいという姿勢が鮮明になった。そんな雇用創出策が進む中で、期待を集めているのが地域に根ざした起業だが、そのための緊急雇用創出基金の利用にも、女性固有の壁がある。

多くの女性は会社の運営や書類作りに慣れていないうえ、「カネ」にまつわる情報は、男性のネットワークを中心に回りがちだ。このため、起業支援のためにどんな資金が用意されているのかわからなかったり、知っても申請が遅れたりする例が少なくない。財政削減を理由にした公務員減らしで、自治体にはこうした相談に乗る余裕もない。東京都は、技術系職員の不足を補うため、公務員ＯＢのボランティアを募ったが、女性の起業の後押しのため、書類申請の相談に乗る公務ボランティアも必要だ。

岩手県では、藤原りつさんら県職員OG、OBが、「大津波にも負けず頑張る母ちゃん！　応援隊」を立ち上げ、農林水産部門の女性たちの起業のための公的補助の情報提供や、申請書類の作成を支えてきた。農村の女性たちが開いていた直売所の畳一畳ほどの小店舗が津波で流され、女性たちは気落ちしていた。ところが、約一キロ先の瓦礫の中から、入り口のガラス戸さえ壊れていない完全な形で店舗が見つかった。これが女性たちの元気を回復させ、事業の再開につながった。そのための費用の調達を後押ししたのが、藤原さんらの支援だった。

宮城県では、仙台市の沿岸部で被災した庄司恵子さんが、企業が発注するアクセサリーの自宅での製造や、手芸小物の製造・販売の元締めとなり、近隣の被災女性たちの収入源としている。だが、女性たちには会社経営のノウハウがなく、こうした活動を今後、会社として維持・発展させていくためのノウハウを助言してくれる人々が必要だと訴える。

一方、南三陸町では、介護の公的職業訓練は受けたものの、これを仕事につなげる気はないという女性たちもいた。漁業の仕事に慣れているので、介護を事業とするには及び腰になってしまうという声や、家庭に介護している高齢者がいて夕食の支度などが必要なため、働く時間が不規則な仕事は難しいという声もあった。職業訓練の充実による仕事の再興は大切だが、訓練の民営化が進む中で、その内容は設備投資が少なくてすむパソコン技能や、介護などが多い。介護は、それまでの仕事の経験やライフスタイルによって、向き不向きがあり、必ずしも雇用には結びつかない。もちろん、パソコンは手芸品や海産物販売のためのインターネットショップなど、多様な事業の基礎になる。だが、手軽な初歩の訓練で済ませるのでなく、インターネット販売のためのホームページの立ち上げなど、使用目的に沿った助言を、身近で指南してくれる助言者こそが必要だ。こうした企業や雇用に役立つ支援サービスに資金が回ってこそ、訓練は役に立つ。

被災女性たちの支援を続けてきた「みやぎジョネット」の草野祐子代表は、「きめ細かなノウハウ支援のための資金がもっとあれば、女性たちが自力で経済力をつける仕組みを生み出せる」と話す。だが、復興資金は、中央資本の建設関係に流れがちだ。「建設関係の人々に弁当を売る企業を女性の手で始めるなど、女性にもお金が流れて来る手立てを考えないと、復興後の男女の経済格差はこれまで以上に広がりかねない」と、草野さんはいら立ちを強める。消費増税が決まった二〇一二年八月、訪れた岩手県では、沿岸部に大規模な堤防の建設情報が飛び交っていた。「津波への効果に疑問も出ていた大堤防計画が進む一方で、私たちの仕事の基礎になる住宅の再建はさっぱり聞こえてこない」と、被災女性の一人は言う。女性の雇用創出の現状は、復興資金が被災地の生活再建や、経済的弱者の自立に流れる仕組みづくりを意識的に行うことの重要性をも問いかけている。

「頑張れ漁業！」の基金で起こされた浜での仕事のために集まった南三陸の漁業の女性たち(2012年6月30日，宮城県・南三陸町，竹信三恵子撮影)

Ⅱ　多様な支援の形をもとめて

第4章　「日本的支援」の歪みを問う

震災後、家が流されたり、壊れたりなどで、あるいは原発事故による影響でピーク時には四〇万人を超える人々が避難生活を強いられた。そうした中で、いったんは避難所に避難したが、乳幼児を抱える家族や妊産婦は避難所の生活に耐えきれず早い段階で避難所を出て、車中生活や半壊の家にいたという例も多く、物資配布や情報からも漏れたという例もあったという。ここでは支援の歪みについて二つの問題から考えたい。

母子避難という形

福島県いわき市で被災した佐藤優子さん（仮名）は、二歳から小学生まで子どもたち三人を連れて東京に避難してきた生活をこんなふうに話している。「仕事がある夫とは別居で、すべてを一人で背負う生活。熱がある二歳の娘を自転車に乗せて、二番目の娘の保育園に迎えに行くしかない。不安におしつぶされそう」（『ふぇみん』二〇一二年一月一日号）

放射能による子どもへの健康被害を心配して福島県から自主避難してきた母子の多くは、夫が県内で仕事を継続している、「母子避難」者である。

福島県から県外避難をしている子どもの数は一万七八九五人（二〇一二年四月時点、福島県）。県外避難者の総数は二〇一二年七月五日時点で六万一五四八人。自主避難者が半数を占めると言われる。多くが避難指示区域以外の福島市や郡山市からの避難だ。なぜ福島市や郡山市など人口集中地域を避難指示区域にしなかったのか。社会生活上のリスク、東日本全体の経済活動に影響をもたらすことなどが言われている。自主避難は国が示した放射能の許容基準や避難区域の設定への不信から始まった。子どもたちの通う学校の放射能の許容基準が外部被曝だけで年間二〇ミリシーベルトであると文部科学省が発表し（その後努力目標として一ミリシーベルトとした）、その基準の高さに不安を感じた人も多い。

被災の中で休養は重要だ．写真は，福島県内の被災者を対象にした「シングルマザーレスパイトデイズ」(レスパイト＝休息)で，参加者がからだをほぐし合っているところ(2011 年 5 月，埼玉県・国立女性教育会館，赤石千衣子撮影)

家族の分離を強いる避難生活は、さまざまな影響をもたらしている。『朝日新聞』が行ったアンケートによれば、二重生活による経済負担のうえに、将来の展望も立たず、父との別離による子どもへの影響なども不安だという（『朝日新聞』二〇一二年七月二三日付）。二重生活による経済的負担の額は福島との間の交通費、食費、光熱費などで月五万〜一〇万円だという。また福島にいる人々との気持ちの温度差にも気を使っている。「夫婦喧嘩ができない（修復する時間もない）」「（福島と避難先の）教育環境の格差が大変」などさまざまな苦労話も聞く。

震災後の避難の過程で夫婦の意見が合わず、離婚を決意した人もいる。また子どもに障害があるために慣れていた土地を離れて子育ての苦労が倍加した人もいた。

だが、彼女たちが無力なわけではない。東京都内でも、避難した母親たちがいくつかの組織をつくり、出会いと交流、子育て支援、保養などを企画し始めている。各県でこうした動きがみられる。また支援団体もあり、さまざまな相談事業も始まっている。

東京電力の賠償は、避難指示区域周辺の福島市や郡山市など県内二三市町村からの自主避難した妊婦や一八歳以下の子どもに一人六〇万円、ほかの大人には八万円を一回払うのみ。県南部九市町村の妊婦や子どもには二〇万円のみである。

「母子避難」という避難の形で、放射能汚染からの自主的避難が家族の分離と性別役割の強化に結びついている。〝父・夫＝稼ぐ人、母・妻＝子育て＝避難〟という形は、男性片働き世帯を標準としてきた日本ゆえの構造と思われる。こうした避難形態の背景には、避難先で簡単に仕事を見つけられない状況もある。中には「夫の親族から嫁の役割を果たしていないと思われるのがつらい」という女性もいた。

もちろん避難したのは母子避難者だけではない。子どもを福島県外の祖父母に託した人もいる。あるいは、避難指示区域から家族全員で県外へ避難した人もいる。

女性の間でも、共働きか、片働きかによって、さらに正規か、非正規かという雇用形態によって避難にも差が出たといわれる。第3章でも触れたように、震災後に非正規の仕事を失った人も多い。「働いていなければ避難しやすい」「働いていれば情報に左右されにくい」と見方もさまざまだが、「居住区域・福島に残ったか、避難したか」「正規雇用か、非正規雇用か」「片働きか、共働きか」といった要素が複雑に絡み合っている。あるいは、「専門職(看護師など)なら避難しやすい」という意見もある。

問題は、避難の権利の保障と原発事故の賠償の不十分さである。そのことが、家族構成や雇用形態の差異によって、性別役割を極端な形で強いることになる。この問題を解くためには、避難区域の設定を納得できる基準とすることに加え、自主避難者と残った人の補償を同じ基準とすること、避難(移住)先で雇用が確保できるための対策、自主避難者への理解と支援が必要だ。また福島に残った人への放射能の対策も進めなければならない。

「世帯主中心主義」の弊害

災害時の義捐金《ぎえんきん》制度や生活再建支援制度に「世帯主中心主義」が大きく影響を与えていることも問題だ。

災害で死亡した遺族に弔慰金を支給する災害弔慰金という制度がある。この制度では、死亡者が災害弔慰金を受給する者の生計を主として維持していた場合には五〇〇万円が支給されるが、その他の場合には二五〇万円と半額になる。たとえば夫が津波で亡くなり、妻が弔慰金を受給する場合を考えてみよう。この場合、妻の年収が給与年収で一〇三万円を超えると夫に扶養されていたとみなされず、支給される災害弔慰金は二五〇万円となってしまう。このため、震災後の被災地では、前年の年収が一〇三万円を超えていた女性から「夫が亡くなり、自分も震災で仕事を失ったのに、災害弔慰金が半分になるのは納得いかない」という相談が寄せられていた。

この規定は災害弔慰金支給法施行令の第一条の二で定められている。同じ遺族でありながら、遺された妻が共働きの場合は、専業主婦だった場合の弔慰金の半額になる。さらに妻が死亡した場合も、妻は主たる生計維持者とみなされないので、夫が受け取る弔慰金の額は二五〇万円となる。このような違いが、はたして納得のできるものなのだろうか。

被災者生活再建支援法にも問題がある。この法律は、一九九五年の阪神・淡路大震災を契機に、被災者が国会に何度も要望を出し、一九九八年に実現したものである。しかし、法成立後に矛盾が露呈した。その一つが「世帯主被災要件」である。同法による支援金は、世帯主に支給される。そのため、世帯主になりにくい女性にとって、そもそも不利な制度となっている。これに関しては、次のような事例がある。

阪神・淡路大震災で被災したときに世帯主だった女性が、その後、被災しなかった男性と結婚した。九八年に発足した阪神・淡路大震災復興基金による被災者自立支援金（被災者生活再建支援法が阪神の被災者には遡及しなかったためにつくられた）では、九八年七月時点で被災した世帯主であることが要件とされていた。そのため、この女性は支給要件を満たさず却下されてしまった。そこで、女性は裁判に訴えて一審二審とも勝訴し、確定した高裁判決では「自立支援金制度における世帯主被災要件は公序良俗に違反した無効なものと解される」とされた。しかし基金側はこの要件を消さず、特例で対応したので、結局、世帯主被災要件は残ってしまった。

この判決は被災者生活再建支援法にも生かされず、同法の第三条では「都道府県は、当該都道府県の区域内において被災世帯となった世帯の世帯主に対し、当該世帯主の申請に基づき、被災者生活再建支援金（以下「支援金」という。）の支給を行うものとする」という規定のままとなった。二〇〇七年には収入要件と年齢要件が完全に撤廃されたが、依然として「世帯主被災要件」は残り、東日本大震災を迎えた。

ちなみに、被災者生活再建支援金は、住宅の被害程度に応じて支給する「基礎支援金」と、住宅再建の際に支給する「加算支援金」とがあり、いずれも世帯単位で支払われる。基礎支援金は「全壊」の場合、二人以上の世帯に一〇〇万円、単身世帯は七五万円である。

世帯から個人への生活保障を

「世帯主中心主義」の弊害は、東日本大震災でも露呈している。

二〇一一年一二月、生活が苦しいという若い女性から相談が入った。彼女は次のように訴えた。

「津波で家が流された。義捐金は父がすべて手に入れた。不服申し立てをしたが、とりあってももらえなかった。生活再建支援金も六月ごろ申請したが、父が妹と三人分を取ってしまった。父は二、三カ所も家をもっているのに、私は住むところもない。世帯単位になっているのがおかしい」

あるいは、次のような事例もある。震災直前に、仙台市で三世代同居したため、義捐金も被災者生活再建支援金も一世帯分しか支給されなかった。その後、世帯が分かれて別々に暮らすようになっても支援金が入らないので、生活が苦しいという訴えである（『河北新報』二〇一二年一月二九日付）。

この二例でわかるように、義捐金制度においても、世帯主中心主義が被災者たちの〝復興〟を阻んでいる。岩手県宮古市の義捐金を見ると、①死亡または行方不明者見舞金（第一次一人あたり五〇万円、第二次九四万七〇〇〇円、世帯主対象）となっている。②住宅損壊見舞金（全壊第一次五〇万円、第二次九四万七〇〇〇円、世帯対象）となっている。一例目の女性が住む家を失ってしまったのは、②が世帯対象となっているからだ。その後、彼女の父親が亡くなり、彼女が申請していた生活再建支援金が支給され、家の解体工事ができた。しかし、「それでも、問題の解決にはなっていない」と彼女は言う。

東京電力による賠償金の支給にも、同様の問題が見られる。賠償金は、避難指示区域内の場合には世帯に出され、その後、個人を単位に支給されているので一見問題がないように思える。しかし、次のような事例がある。

福島から東京へ自主避難してきた女性は、夫の暴言から逃れるために夫とは別居し、子どもたち二人と都内の借り上げ住宅に住んでいる。東京電力に自主避難者への補償金の申請をしたが、夫も申請をしていたようで、子どもたちの分が保留になっていると言われたままである。子どもたち二人に支払われるべき一二〇万円の補償金は宙に浮いたままとなっている。

福井県立大学の北明美さんは、こうした問題について次のように指摘する。「妻の婚姻費用すら払わない夫が複数世帯の「世帯主」として同支援金の全額を受けとった事例、……夫の暴力から避難している妻と子が受け取れない義捐金や賠償金をその分まで夫が手にするとか、暴力から逃れるため長いこと夫と別居していた女性が震災で住まいを失ったため夫とやむなく同居せざるを得なくなると言ったこともあるようです。……女性たちが支援金を直接受け取れる制度であればこのような事態は防げた可能性が高いと思われます」(「『災害弔慰金支給法』・『被災者生活再建支援法』・『災害救助法』に基づく施策のジェンダー・バイアスをご存じですか」東日本大震災女性支援ネットワークによる報告会〔二〇一二年六月一〇日〕での発表資料)

日本弁護士連合会(日弁連)は二〇一一年七月、支援金の支給規定から世帯主要件を削除し、個人単位で支給するよう求める意見書を国に提出した。東日本大震災女性支援ネットワークも同様に提案している。このままでは、次の災害でまた苦しむ人々が出てきてしまう。災害時だけでなく、日常から個人を単位にした生活保障をつくっていくことが急務だ。

【コラム1】 被災地の女性の健康

東日本大震災の被災地では、発災期、避難期、復興期の、それぞれの時期の女性の健康の課題が解消しきれないままに時が過ぎてきた。今後に活かすためには、記録し、検討し、対応を考えていく必要がある。これから対処しなければならない女性の健康の課題のひとつは、原発事故による放射線被曝への対応である。

福島県内で被災者支援をしている人たちに聞き取りをしているときに、県内の一〇代の少女たちが「自分たちはもう子どもが産めない」から「結婚できない」と口にしていると聞いた。そういう場面が報道されているのも見た。彼女たちの言葉は、あまりにも素朴で単純であり、それゆえに重い。彼女たちにそう言わせる環境をもたらしたのは私たち大人である。少しでも改善できる方策を考えながらも、複雑なやりきれない思いを抱く。この言葉が含む自嘲的、自虐的な響きは、同時に病気や障害のある人に繰り返されてきた差別へと連なるからだ。

放射線被曝が若年の女性にどんな影響を及ぼすかのデータはとても少ない。広島と長崎に投下された原爆による被曝のデータを急ぎ分析し、活用する必要がある。公開されていないデータについては、日本政府がアメリカ政府に公開の請求をしていくべきだ。チェルノブイリの被曝と健康に関するデータも同様である。チェルノブイリ原発事故から四半世紀が過ぎている。この期間のデータは、被災した人々がどうやって生活してきたか、困難に直面して切り抜けてきたか、そして健康状態はどうかなど、本当に尊い「生の記録」であり、貴重な資料である。こちらもロシア政府への資料公表の依頼に加えて、民間レベルの研究者、医療者、住民との交流から得られた資料もぜひ活かしてほしい。

子どもが「産めない」から「結婚できない」という意識は、彼女たちの周囲にいる大人の意識の反映なのだろう。結婚することはパートナーと新しい生活を始め、子どもが生まれ、親子関係を築いていくという将来設計が一般的だというのは十分に理解できる。けれども、「子どもができないから結婚できない」「結婚したなら子どもを産むのが女性の役割である」「健康で障害のない子どもを産まなければならない」といった思い込みが、彼女たちに将来を悲観させているのだとしたら、「それは違う」と伝えたい。そのために女性の多様な生き方と、その豊かさ、たくましさを知らせたい。

その上で、隠したり、ごまかしたりせずに、いまわかっていることと、わからないことを、彼女たちに丁寧に説明しよう。将来、彼女たちが子どもをもちたいと思い、もしも不安になったなら放射線遺伝学に精通した医師や遺伝カウンセラーに相談できるようなシステムが欲しい。もしも子どもを産めなかったり、産まない選択をするなら、そんなときにどんな生き方があるかの多様なモデルを紹介できるようにしたい。彼女たちが、自分の人生を切り拓いていくために、自分たちの状況を理解し、情報を得て、判断していく力をもつよう、少しでも役に立ちたい。それが大人の責任であろう。

第5章　支援の国際基準とは

これまでの章で、日本の災害支援における問題点が明らかになった。では、災害支援における国際基準では、女性の視点をどのように考慮しているのだろうか。

災害支援の国際基準の種類

現在、海外で広く活用されている災害支援の国際基準は二種類ある。

一つは、緊急救援や災害復興の支援の現場で支援者が守るべき最低基準を定めたものである。国際赤十字・赤新月運動から生まれた『スフィア・プロジェクト：人道憲章と人道対応に関する最低基準』（一九九七―二〇一一年　http://www.sphereproject.org　難民支援協会による日本語版は、http://www.refugee.or.jp/sphere/ からダウンロード可）、機関間常設委員会（Inter-Agency Standing Committee、国連の人道支援調整を行う組織）の『自然災害時における人々の保護に関するＩＡＳＣ活動ガイドライン』（一九九九―二〇〇六年　http://www.humanitarianinfo.org/iasc/　ブルッキングス・ＬＳＥ国内強制移動プロジェクトによる日本語版は、http://www.brookings.edu からダウンロード可）や『人道支援のジェンダー・ハンドブック』（二〇〇六年）などがその代表的なものである。

もう一つは、第二回国連防災世界会議で採択された『兵庫行動枠組　二〇〇五―二〇一五：災害に強い国・コミュニティの構築』（二〇〇五年　http://www.unisdr.org/we/coordinate/hfa）の一連のガイドラインである。

前者が災害発生後の対応のための基準であるのに対し、後者は日常から社会に存在する脆弱性や災害リスクを最小にすることを目的とした活動や制度形成の枠組みである。

これらの国際基準において、ジェンダー・多様性への配慮は不可欠な視点として組み込まれている。海外では盛んに参照されて成果を上げてきたこれらの基準や行動枠組みであるが、残念ながら、日本国内ではよく知られておらず、あまり活用されていない。この章では、主に「スフィア基準」(『スフィア・プロジェクト』二〇一一年)を取り上げて、ジェンダー・多様性の視点とは何か、基準に沿った具体的な活動とは何かについて紹介する。

スフィア基準とは

スフィア基準とは、国際赤十字・赤新月運動のスフィア・プロジェクトで作成された災害や紛争後の救援活動において満たされるべき最低基準である。一九九七年以来、実践を経て改定が重ねられてきた。どのような活動にも「共通する基準」と、「給水・衛生・衛生促進」「食糧確保・栄養/雇用・収入機会」「シェルター・居留地・食品以外の物品」「保健(性と生殖に関する健康を含む)」の各分野からなる。たとえばトイレに関しては、「避難所では最大五〇人につき一基」という人口当たり設置数などとともに、「男女別とし、男女用トイレの比率は一:三とする」「日中・夜間安心して使え、使用者、特に女性と少女の恐怖を軽減する場所に設置する」などの基準が示されている。

性のあり方を含む多様性への配慮

ジェンダー・多様性への配慮は、スフィア基準の中で、どんな人道支援活動にも必要な分野であり、横断的課題として位置づけられている。人は、性のあり方、年齢、障害の有無、健康状態、家族の形、国籍、言語など、多様性をもった存在だ。その多様さゆえに、人々の被災経験もまた個人によりまったく異なるものとなる。そのことは、本ブックレットの第Ⅰ部でも示されてきたとおりである。ジェンダー・多様性への配慮とは、一人ひとり多様な存在であることを尊重し、一人ひとりに合ったよりよい支援ができるための環境づくりを行うことである。スフィア基準では、「人道対応は、災害があらゆる年代の男女にもたらした影響の違いを理解し、あらゆる年代の男女が、必要とするもの／こと、特に困難を感じる問題、大切だと思うこと、災害に立ち向かうための能力を発揮できるか、どう立ち向かいたいと願うかなどにみられる違いを把握した上で行われるとき、最も効果を上げる」と強調されている。

災害時には、最も支援を必要とする人々、最も弱い立場にある人々に支援が届きにくい。日常から地域の中で声を上げにくい弱い立場にある人々、差別を受けている人々へも支援が行き届いているのか、災害時の混乱の中で把握されないまま支援が行われることがある。さまざまな不平等や差別がある社会の仕組みを意識せずに支援が行われるならば、意図せずして特定の被災者により大きな被害を負わせることにもなりかねない。

スフィア基準では、災害の影響を特に受けやすい人々を「脆弱な人々」という言葉で表す。中でも、女性、子ども、高齢者、障害やＨＩＶ（エイズウイルス）とともに生きる人々に注目し、災害のために慣れない土地に移住した人々も、困難に直面する可能性が高いと指摘する。しかし、脆弱な人々の課題を、女性、子ども、障害者といった個別の立場だけから把握したり、困難な状況を固定したものとして理解するのは、効果的ではないという。それは、多様な脆弱さの重なり（たとえば、障害をもつ女性）や、時間の経過によって脆弱さの性質も変化するからである。何よりも、どのように弱く見える人も、災害に立ち向かい、被害から立ち上がる能力を備えていることを無視することになる。

権利保護とジェンダー・多様性の視点

スフィア基準には、（1）被災者には尊厳ある生活を営む権利があり、援助を受ける権利がある、（2）実行可能なあらゆる手段を尽くして、災害や紛争の被災者の苦痛を軽減するべきである、という二つの信念がある。尊厳ある生活とは、自分らしくあるための心の拠り所や誇り、大切にしてきた信念や価値観を維持できる生活といってよいだろう。

その倫理的・法的根拠となるのは、「人道憲章」と「権利保護の原則」である。「人道憲章」は、人権や人道に関する国際条約（世界人権宣言、国際人権規約、人種差別撤廃条約、女性差別撤廃条約、児童の権利条約、障害者権利条約など）を指す。また「権利保護の原則」は、「人道憲章」にのっとって個人の権利が確保されるための活動原則（①人道支援が新たな被害を生まない、被害を悪化させない、②公平・公正に支援が届けられる、③人々を暴力や強要から保護する、④暴力や権利の侵害を受けた人々はその被害から回復される）を指す。最低基準は、これらの原則や信念を具体的に示したものだといえる。

ジェンダー・多様性に対する配慮の七つのポイント

以下に、スフィア基準で、どのような支援活動を行う場合にも重要な「共通する基準」として挙げられているものから、ジェンダー・多様性への配慮に関する要点を抜粋して示しておこう。

①あらゆる年齢層の男女および多様な脆弱な人々から支援に関する意見を聴く。発言しにくい障壁があれば、取り除く。
②被災者の男女別・年齢別の統計的情報の収集と活用。
③意見を聴く工夫をする。特に女性が安心して話せる（必要なら女性だけ別の）場所で、話を聴くスキルのある人が加わる。
④脆弱な集団が、必要な支援と保護を十分に受けられるよう、支援事業の計画作りから、男女・少年少女双方が参画するよう促す。
⑤人々を脆弱にする要因を分析し、脆弱さを積極的に解消する方向で支援事業を計画する。
⑥支援チームの構成は、男女、年齢のバランスを取る。
⑦支援職員は、支援する側の者が持つ権力を自覚し、権力を濫用せず、支援と引き換えに、いかなる交換にも関与しない。

東日本大震災の支援において、これらの要点はどのていど考慮されたのであろうか。避難所や仮設住宅の運営に決定権を持つ責任者は、大部分が男性であり、女性や障害者などの視点が欠如していることがほとんどだった。これでは、女性や障害をもつ人々が必要としている支援を把握することは困難であっただろう。また、何事も、地域のリーダーや世帯主だけから意見を聞き、それを地域や家族全員の意見とみなすというやり方では、多様な被災者の現実を把握できない。個人単位の状況把握が必須だ。本人たちが出て来たがらない、意見を言いたがらないのだから仕方ないとあきらめてしまっては、参加や意見表明ができないことの背後にある差別や排除に加担する(「権利保護の原則」が守れない)ことになってしまう。

実践できそうな項目から

「避難所を手探りで運営している地元の方に、国際基準の適用を無理強いすることはできない」「避難者数が多いときには、一人ひとりの意見を聞くことは時間的に無理ではないか。そうするだけの気持ちのゆとりもない」という意見もあるだろう。しかし、スフィア基準は、すべての基準・項目を守らねば意味がないという性格のものではない。ポイントごとに参照できるので、実践できそうな項目から順次選んで活動に導入することができる。

スフィア基準は、救援や復興の時期に焦点を当てたものであるから、日常のジェンダーの不平等までを積極的に改善するところまでは目標に含まれていない。したがって、日常のジェンダー規範や性別役割のあり方に無批判なままで、女性特有の生理的ニーズを満たしたり、女性に与えられた性別役割(家事やケア労働に代表される)を果たすことのみを目的にした支援が行われるなら、人道支援が男女の性別役割分担を固定化するという悪影響をもたらしかねない。

『人道支援のジェンダー・ハンドブック』において指摘されているように、女性たちのリーダーシップの育成や、避難生活や復興の方針への意思決定への関与を高めるような長期的な支援も必要となる。スフィア基準のような人道支援の最低基準は、前掲の『兵庫行動枠組　二〇〇五―二〇一五』の基本理念にあるように、日常のジェンダーの不平等を地域が抱える災害脆弱性の一つの局面と捉え、それを改善しようとする動きと有機的に結びつけられて導入されたときにはじめて、災害時における女性の状況を改善する真の効果を発揮することができるだろう。

【コラム2】　災害とセクシャルマイノリティ

「自分がレズビアンだってこと、しばらく忘れていた」「普段からゲイであることも、同性のパートナーがいることも地元では言っていない。デートのときは隣町まで行く。こんな状況だから、震災だからといって、ゲイとして直面する困難はない」……。東日本大震災後の東北の沿岸の街に住む友人たちの言葉だ。

東北の地にもLGBT(L=レズビアン、G=ゲイ、B=バイセクシュアル、T=トランスジェンダーを指す総称)は確かに暮らしている。筆者(山下梓)は二〇一一年三月一九日に岩手レインボー・ネットワークを立ち上げて今日まで活動してきた。しかし、避難所生活を経験したり、パートナーを含む家族や家・仕事を失ったり、仮設住宅での生活を強いられている被災LGBTには出会えていない。

東日本大震災では、LGBTの人々やその問題が圧倒的に不可視化された。震災以前から、小さなコミュニティの中でLGBTであることが周囲に知られたら、家族や友人から拒絶されたり、仕事や住む場所を失ったり、地域から孤立・排除されるなどの可能性を恐れて、自分が何者であるかということの一部を懸命に隠して生活せざるを得ない状況があったからだ。

ハイチ大地震（二〇一〇年）直後にポルトープランスで被災ＬＧＢＴの支援にあたったＮＧＯによると、ハイチでもＬＧＢＴに対する偏見やスティグマは強く、当初、支援を必要としているはずの被災ＬＧＢＴに出会うのが困難だった。チリ大地震（二〇一〇年）でトランスジェンダーであることを理由に隣人から嫌がらせを受けて仮設住宅を追われたケースや、毎年サイクロンに襲われるバングラデシュでは、限られた救援物資が家族・親戚に行きわたるようにと「家族の恥」であるＬＧＢＴが家庭から排除されたという。

性的指向・性別自認にもとづく差別や偏見は、国や地域を選ばない。また、国や地域により人口に占めるＬＧＢＴの割合に差はなく、その社会がどれだけＬＧＢＴを受容しているかどうかに、「見える」ＬＧＢＴの多い少ないが左右される。日本においてＬＧＢＴがもう少し「見える」存在になると、ハイチやチリ、バングラデシュと同様のケースや、避難所の仮設風呂やトイレ利用の際、「不審者」扱いされる、パートナーの死亡を知らされない、同性カップルは家族として仮設住宅に入居できない、相談を利用しない（できない）、などの困難が容易に想像される。

震災直後、被災した女性を取り巻く状況について、「平時の不平等や格差・差別構造があらわになった。平時からの取り組みが大切」と言われた。ＬＧＢＴについても、同じことがいえる。東日本大震災のような大規模な災害にもかかわらず、被災ＬＧＢＴの経験が聞かれなかったのは、震災の影響を受けた地域において平時からＬＧＢＴがありのままで生活することが困難であり、ＬＧＢＴとして声を上げられない環境があったためだ。

復興期・平時のいま、次の災害への備えにおいて私たちにできることは、ＬＧＢＴの人々とその課題について知ることである。ＬＧＢＴの実状やニーズは地域によって微妙に異なる。国・自治体・コミュニティの防災マニュアル策定にあたっては、地域のＬＧＢＴの声をよく聴いて反映させてほしい。

第6章　地域防災計画を見直す

防災・復興にジェンダー・多様性への配慮をすることはすでに国際基準として不可欠であることがわかった。では、翻ってこれからの日本の防災計画をどう見直していくべきなのだろうか。

「地域防災計画」とは何か、女性・男女共同参画の視点は

日本は自然災害の多い国である。第二次世界大戦中には森林伐採などにより国土が荒廃していたこともあり、戦後相次いだ大地震や台風による大規模災害に対して十分な対策を取ることができなかった(一九四六年の昭和南海地震、一九五九年の伊勢湾台風など)。

そこで一九五一年、防災に関する責務・組織を明確化し、防災計画の策定を義務づけ、災害予防・応急対策・復興対策の各段階の主体の役割や権限を明示し、財政措置についても盛り込んだ災害対策基本法が制定された(次ページ表)。これに基づき国は一九五二年に中央防災会議を設置、翌五三年に防災基本計画を策定した。と同時に、すべての都道府県・市町村においても、防災会議の設置と地域防災計画の策定が進められていった。

つまり、地域防災計画とは、市民にとってより身近な都道府県・市町村が策定する防災計画であるといえる。とりわけ、災害時に最前線の現場となる市町村の地域防災計画の中身と、それを実際の災害時にも生かせるように、どう実践性を高めるかが重要となる。

表　災害対策基本法に基づく防災・災害対策組織と防災計画

	平常時	計画	災害時
国	中央防災会議	防災基本計画	緊急災害対策本部(とりわけ激甚な場合) →本部長：内閣総理大臣 非常災害対策本部 →本部長：自然災害＝防災担当大臣 事故災害等＝所轄大臣
地方	都道府県防災会議 市町村防災会議	都道府県地域防災計画 市町村地域防災計画	都道府県災害対策本部 →本部長：都道府県知事 市町村災害対策本部 →本部長：市町村長
その他	指定行政機関 指定公共機関	防災業務計画	事業者や報道機関によるライフラインの復旧や物資の共有，情報発信など

しかし、こうした国・自治体の防災計画の中に、「男女双方の視点」「女性の参画」という表現で、性差による配慮や、家庭・地域・社会における固定的性別役割意識の弊害、また意思決定を行う立場への女性の進出度合いが少ないことの問題などを前提とした記述が入るようになったのは、二〇〇五年以降のことである。

このような視点をここでは「女性の視点」とするが、国の防災基本計画でどのように記載されているのか、主なものを書き出してみよう(「防災基本計画」二〇一一年一二月修正版)。

「地域における生活者の多様な視点を反映した防災対策の実施により地域の防災力向上を図るため、防災に関する政策・方針決定過程及び防災の現場における女性の参画を拡大し、男女共同参画の視点を取り入れた防災体制を確立する必要がある」(第一編総則第三章)

「防災知識の普及、訓練を実施する際、高齢者、障害者、外国人、乳幼児、妊産婦等災害時要援護者に十分配慮し、地域において災害時要援護者を支援する体制が整備されるよう努めるとともに、被災時の男女のニーズの違い等男女双方の視点に十分配慮するよう努めるものとする」（第二編第一章第三節）

「地方公共団体は、……研修の実施などによる防災リーダーの育成、多様な世代が参加できるような環境の整備などにより、これらの組織の日常化、訓練の実施を促すものとする。その際、女性の参画の促進に努めるものとする」（第二編第一章第三節）

「地方公共団体は、避難場所の運営における女性の参画を推進するとともに、男女のニーズの違い等男女双方の視点等に配慮するものとする。特に、女性専用の物干し場、更衣室、授乳室の設置や生理用品、女性用下着の女性による配布、避難場所における安全性の確保など、女性や子育て家庭のニーズに配慮した避難場所の運営に努めるものとする」（第二編第二章第五節）

地域防災計画を見直そう

自治体の地域防災計画においては、こうした国の防災計画の内容に沿って記述されているケースが多い。しかし、それではたして十分だろうか。

実際、東日本大震災が起こる以前から、女性の視点に立った対策について、独自に深めて防災計画などに組み込んでいるケースが見られる。

たとえば、横浜市の地域防災計画（二〇一二年修正版）では次のように規定されている。「防災資機材等を活用した救助・救出など地域住民の相互協力による防災活動の促進、安全かつ秩序ある避難生活の維持等を目的として、地域防災拠点ごとに、地域・学校・行政等からなる地域防災拠点運営委員会が設置」されており、「運営委員会の設置・運営にあたっては、女性を委員に積極的に参画させるほか、災害時における男女のニーズの違いに配慮した研修・防災訓練の実施、女性の防災リーダーの育成等に努めなければなりません」と明記されている（第二部第三章「地域防災拠点の整備」、第三節「運営委員会の設置・運営」）。

また、「高齢者や乳幼児をかかえる家庭及び妊婦等に配慮した女性専用スペース並びに要援護者の男女別々のスペースを確保するため、地域防災拠点運営委員会は事前に教室を選定し、利用する。（建物の被害状況により柔軟に対応。）」（第三部第八章第二節「被災者の避難・受け入れ」）とある。さらに市民部男女共同参画推進班の任務として、「男女共同参画センターの被害状況の把握、男女共同参画センターに係る応急対策の立案及び実施、女性相談窓口の開設、女性に係る諸問題の把握」を行うよう明記している。

神戸市の地域防災計画（二〇一〇年）では、市民参画推進部の業務として「男女共同参画の視点での防災対策の推進に関すること」および「女性相談に関すること」と位置づけている。そして、部内の男女共同参画推進課は「女性のための相談窓口」を開設し、神戸市男女共同参画センターと連携して、災害時の女性相談や配偶者間暴力防止に取り組むとしている。

大分県生活環境部県民生活・男女共同参画課が二〇〇七年に作成した「女性の視点からの防災対策のススメ」(http://www.againstgfb.com/05-0d.pdf)は、市民向けに具体的な対策をコンパクトにまとめた、とても役立つマニュアルである。

東京都は、過去の大規模災害経験者を対象にしたアンケート調査に基づいて「妊産婦・乳幼児を守る災害対策ガイドライン」を作成しており、妊娠の時期や乳幼児の年齢を細かく分けて災害時の課題を分析し、どのような支援が必要かを示している（http://www.fukushihoken.metro.tokyo.jp/kodomo/shussan/nyuyoji/saitai_guideline/index.html）。

このように妊産婦・乳幼児対策については、ソフト・ハード両面、親子関係、そして緊急救援期から避難生活期・復興期に至る連続した時間軸を視野に入れた、総合的な対策が求められている。

自治体の男女共同参画を担当する部門と男女共同参画センター等の女性関連施設については、災害時であっても、女性の相談支援や暴力防止対策の取り組みを継続し、女性や子どもの視点に立った避難所や在宅避難者のモニタリングと対策の改善、保健所や医療機関とも連携した女性・妊産婦・母子の支援、復興期におけるさまざまな課題に対する支援等に、直接的にも間接的にも従事できるよう、防災計画にきちんと位置づけておくべきである。

「策定プロセス」と「現場への浸透」が大切

二〇一一年一二月に国の防災計画が改定されたことを受けて、二〇一二年度は全国の自治体で防災計画の見直しが進められている。しかし、男女共同参画の視点に立った見直しの体制や内容については、自治体によってさまざまである。また、計画を作っただけでは、組織や地域での実際の取り組みはなかなか変わらないので、計画を実際に浸透させるための工夫も必要だ。

まず、自治体の防災会議に女性委員を増やすという流れが全国で出てきており、そのことはとても喜ばしいことである。しかし一方で、「防災会議にはライフラインに関わる事業者など、多様な人が何十人と参加しており、女性の視点で意見を言いたくとも発言する機会がない」といった声も聞かれるようになってきている。多岐にわたる災害時の男女共同参画視点による課題を、数名の女性委員が短時間で網羅的に考えて議論できるかといえば、それも難しいうえ、それぞれに専門分野や代表している組織の特性もあろう。

そうした状況に対して、女性の視点を反映させるための部会をつくっているところがある。たとえば、東京都港区(特別区)では二〇一二年五月に「港区防災会議港区地域防災計画に女性の視点を反映させる部会」を発足させ、筆者(浅野幸子)を含む女性の外部専門委員三名と、区の防災・男女共同参画・子育て支援・教育委員会の各担当者が委員に入り、複数回の会議を重ねて徹底的に課題を出して検討を行ったうえで、報告書をまとめて防災会議へ提出。これをもとに地域防災計画への反映を図っていくことになっている。区民へのアンケート調査も行っており、報告書にはその声も反映させている。

高知市でも、女性職員による「女性の視点による南海地震対策検討委員会」を発足させて検討を行っているという(『高知新聞』二〇一二年六月二五日付)。また、首長から自治体の男女共同参画審議会に対して、男女共同参画の視点から地域防災計画へ提言するよう諮問があり、災害時の課題についての外部識者による学習機会も盛り込みながら、審議会が検討する例もある。

こうしたプロセスを経ることで、自治体内で議論ができる人材が増えれば、庁内や市民間での横断的で継続した議論や取り組みが進めやすくなるだろう。

さらに、自主防災組織の育成、防災リーダーの養成などの講座にもこの視点は不可欠である。女性の視点による防災計画の見直し過程では、災害直後に重要な役割を期待される地域組織と、地域に身近な支所や出張所などの職員が、女性の視点・男女共同参画の視点をもって日ごろの防災活動や災害時にも活動に取り組むことができるよう、計画を作って終わるのではなく、継続して働きかけていくことの必要性も浮かび上がっている。

生活者としての視点から

このように、防災対策において女性の視点や女性の参画を政策的に位置づけることの重要性を強調してきたが、これは、人口の半分を占める女性のニーズに向き合うという当たり前のことに取り組むことを意味するだけではない。現状での性別役割の実態を踏まえれば、それは男性だけでは見落としがちな、生活者の視点をきちんと取り入れるということをも意味するのである。

女性の視点が反映されないということを女性だけの問題としてとらえるのは誤りだ。女性の視点を無視することは、たとえば、乳幼児を抱える家庭や父子家庭、妻や老親の介護をしている男性などの声を切り捨てるということにもつながる。また、共働きの家庭を前提として、災害直後の子どもの面倒をどうするのかについて検討しないということは、現場を離れることができない公務員同士の夫婦や、医療・保育・教育職にある男女の置かれる現実をも無視するということを意味する。さらには、障害をもつ人々などさまざまな災害時に脆弱な人々の立場も無視されがちとなる。

もちろん、大規模災害時にあらゆる課題に行政がすべて対応できるはずもない。しかし、各地の被災地では、被災者自身を含む関係者が知恵を絞って対応をしたさまざまなケースがある。だからこそ多様な知見を積み上げておき、災害に直面しても最小限の犠牲や困難で、市民も事業者も行政も互いに協力しあいながら復旧・復興に取り組んでいくことができるよう、可能な限りの備えを行っておく必要がある。そのためにも女性の視点・男女共同参画の視点は不可欠だ。私たちはどのような性、どのような立場、どのような職業であれ、一人の人間であり生活者なのだから。

そして、こうした姿勢で防災対策のために日常を見直していくことは、誰もが暮らしやすい、働きやすい社会を作っていくことにもつながるだろう。

【コラム3】 災害と女性障害者

東日本大震災による障害者の死亡率は、一般と比べて二〜二・五倍という結果がいくつかの調査で明らかになった。津波からの逃げ遅れが要因とされているが、なかには日常的なサービス不足によるヘルパーの不在によって、一人暮らしをしていた障害者が逃げられずに亡くなった例もあったと聞いた。

震災は、社会的に弱い立場の人により大きな困難をもたらすことが指摘されてきたが、今回も、被災地の障害がある多数の人々が犠牲となった。ただ、障害者全般の状況がみえてきている一方で、障害がある女性の現状については明らかになっていない。それは、障害者に関わる統計が性別に着目していないという現状が反映された結果だ。

筆者(瀬山紀子)が関わっているDPI女性障害者ネットワークでは、震災発生後、障害のある女性が困難な状況に陥る可能性があることへの注意喚起を書き込んだリーフレット「避難所などでの障害がある人への基礎的な対応」をまとめ、メディアなどを通じて各地に届ける活動をした。

ただ、その後聞いたのは、障害がある被災者の多くは、避難所に行くことができず、半壊でも家にとどまったという話や、本人の意思と関係なく福祉避難所に指定された施設へ移送されたという話だった。原発事故の周辺地域では、避難できずに留まっている障害者、高齢者、その家族がいるにもかかわらず、医療や福祉サービスが停止され、深刻な支援不足が続いた。また、東北はもちろん、首都圏でも、深刻な介助者不足が現在も続いている。

一方で、震災で自宅が全壊したことがきっかけで、親元を出て自立生活を始めることができたという障害のある女性の話や、それまで家族の反対で教育も福祉サービスも受けられずに、食事も、簡単に食べられるおにぎりといったものしか与えられてこなかったので、避難所で数十年ぶりに温かい味噌汁を飲むことができた、といった声も聴いた。

困難な現実を直視しながら、以前にも存在しなかった当たり前の生活を確保するための息の長い支援が現在も求められている。

【参考】

東北関東大震災障害者救援本部
http://shinsai-syougaisya.blogspot.jp/
ゆめ風基金　http://yumekaze.in.coocan.jp/
災害と障害者・病者：東日本大震災
http://www.arsvi.com/d/d10.htm
ＤＰＩ女性障害者ネットワーク
http://dpiwomennet.choumusubi.com/

Ⅲ　復興政策にも女性の声を

第7章　女性を視野に入れた復興政策

災害は平等に襲わない

近年の災害研究は、災害が人々を「平等には襲わない」ことを明らかにしてきた。災害に対してより脆弱な人々がいるのだ。そうしたことに、日本社会でも気づきつつある。たとえば、東日本大震災においても、高齢者や障害者に死者がより多いことが報じられている。政府も、すでに「災害時要援護者」というカテゴリーを用いている。中央防災会議の「災害時要援護者の避難対策に関する検討会」による「災害時要援護者の避難支援ガイドライン」（二〇〇六年三月）では、「災害時要援護者」とは、「必要な情報を迅速かつ的確に把握し、災害から自らを守るために安全な場所に避難するなどの災害時の一連の行動をとるのに支援を要する人々」とされ、例として、高齢者、障害者、外国人、乳幼児、妊婦などが挙げられている。

だが、この「要援護者」に「女性」は含まれていない。「災害時」を、「災害に遭遇した場所から、より安全な場所への緊急避難」という短い時間として想定しているからかもしれない。しかし、本ブックレットですでに述べられてきた女性たちの困難は、「災害時要援護者」の定義に照らしていえば、「災害から自らを守るために安全な場所」であるはずの「避難所」が、女性にとっては安全ではないことを明らかにしている。「避難所は女性の被災者にとって安全な場所ではない」という事実は、一九九五年の阪神・淡路大震災の直後から指摘され、二〇〇四年の新潟県中越地震で再び指摘されて注目されるようになり、〇五年からの第二次男女共同参画基本計画と防災基本計画の双方に書き込まれた。そのためか、地方自治体の中には、前章で紹介した大分県生活環境部県民生活・男女共同参画課の「女性の視点からの防災対策のススメ」(二〇〇七年)のように、「災害の被害を受けやすい女性」「防災・災害復興の担い手としての女性」双方の立場から避難所生活の工夫や日頃の備えについてまとめた」とするパンフレットも発行されている。

しかし、これは未だ先駆的な例である。新潟県中越地震では避難所の備蓄品に女性被災者が必要とする物資がなかったことが問題になったにもかかわらず、二〇〇八年の全国知事会調査では、なお不備な状況が明らかになった(「女性・地域住民からみた防災施策のあり方に関する調査」)。避難所のリーダーが男性ばかりということも続いている。平時の社会の女性のニーズの軽視や意思決定への参加度の不足が、災害時での困難を増幅させている様子がうかがわれる。災害は人々を不平等に襲うのであり、社会の(歪んだ)仕組みが反映される「社会問題」なのである。女性の被災と支援、災害からの復興を考えるために、この点の理解は決定的に重要だ。

有効に機能しなかった通知

先に紹介したように、男女共同参画基本計画や防災基本計画には女性被災者を支える記述が含まれるようになり、東日本大震災後の改定で、この記述は強化されている。これらを踏まえ、内閣府男女共同参画局は、震災後の早い時期から被災女性のための通知を複数出している。たとえば、二〇一一年三月一六日には各自治体向けに「女性や子育てのニーズを踏まえた災害対応について「避難所等での生活に対する対応の依頼」」が出され、一二四日には、「女性被災者に対する相談窓口の設置及び周知並びに懸念される女性に対する暴力への対応について」が出された。一六日の通知は、避難所で提供する物資について、生理用品、おむつ、粉ミルク、哺乳瓶などの対応を求めるほか、間仕切り、女性用更衣室、授乳室、男女別トイレ、乳幼児のいる家庭用エリアの整備や、避難所の運営体制への女性の参画も要請している。この後も、四月四日、五月二三日と要請が出され、発災直後の緊急対応から次の段階への移行に際しては、六月二三日に「男女共同参画の視点を踏まえた仮設住宅における災害対応について」も出されている。

これらの文書は、男女共同参画局ウェブサイトに設けられた「災害ページ」に、発出直後から掲載され自由にダウンロードできる。しかし、国際人権NGO「ヒューマンライツ・ナウ」は、被災地調査に基づき、間仕切りが使われていないなど、「内閣府の出している文書と現実の間に深刻なギャップがある」と指摘し、二〇一一年五月一一日、男女共同参画局に申し入れている。

二〇一一年一一月から一二年三月までに同局が被災自治体も含む地方公共団体、地域団体、企業などを対象に実施した「男女共同参画の視点による震災対応状況調査」でも、これらの通知について「知らなかった」とした回答者は半数を超えている。通知は県には伝わったが、市町村や各避難所へは伝わらなかった可能性がある。伝わったとしても、この情報が最も意味をもつ避難所で理解できる人がいなければ、それは機能しない。平時にできないことは、非常時にはなおさらできない。ましてや、東日本大震災では、被災市町村の行政機構そのものが機能不全に陥った。そのような混乱の中では、こうした情報は、容易に「見えなくさせられて」しまう。

女性に届かない復興政策

復興の局面でも同様のことが起きている。二〇一一年六月二〇日に成立した東日本大震災復興基本法の第二条に規定された「基本理念」には、「女性、子ども、障害者等を含めた多様な国民の意見が反映されるべきこと」と入っている。だがこの部分は、六月九日に撤回された与党案にも自民党案にもなく、同日に民自公三党の共同提案で提出、東日本大震災特別委員会提出法案として承認された法案に初めて入ってきたものである。しかし、そのことは報道されなかった。

復興基本法が策定を義務づけた「東日本大震災からの復興の基本方針」は、同年七月二九日にできたが、その冒頭の「基本的考え方」では、「男女共同参画の観点から、復興のあらゆる場・組織に、女性の参画を促進する。あわせて、子ども・障害者等あらゆる人々が住みやすい共生社会を実現する」とされ、「地域づくり」でも、「暮らしの再生」でも、雇用や企業、農業など経済活動でも、「女性」について言及された。「基本方針」をみる限り、現政権は、女性を復興の重要な担い手として位置づけていることになるが、この点についても、マスメディアの報道はなかった。復興基本法第二条も含め、これらは、堂本暁子前千葉県知事を実行委員長とする「「災害・復興と男女共同参画」6・11シンポジウム実行委員会」による一連の要望活動の成果なのだが。

この「基本方針」は、三次補正から二〇一一年度予算に組み込まれ、厚生労働省が中心になり進めている「被災者の就労支援・雇用創出に関する総合対策」である「「日本はひとつ」しごとプロジェクト」の中に「生涯現役・全員参加・世代継承型雇用創出事業」が生まれた。厚労省はこの事業について、「高齢者、女性、障害者など全員が活躍できるような雇用面でのモデル性がある事業で、将来的な事業の自立による雇用創出が期待される事業を実施する」と説明している。「基本方針」が事業として実現した好例だった。しかしそれは、次にみるように、再び「見えなくさせられて」しまった。

この事業は、国が被災県に基金を積み、それを利用して、県や市町村が民間企業・NPOなどに委託して実施する仕組みだ。したがって、事業の直接の募集は県や市町村が行う。ところが、岩手県経済・雇用対策本部会議が二〇一一年一一月の第三回会議で配布した資料「「震災復興いわて・しごとプロジェクト二〇一一」における国の第三次補正予算に対応した取組について」では、「地域の特性を活かして高齢者が生き生きと働く事業、職人の業を次世代に伝える事業、障がい者による地域特産品開発販売事業などの事業を、NPO法人や民間事業者に委託して実施する」とされ、「女性」だけが削除されていたのだ。

厚労省は東日本大震災女性支援ネットワークから連絡を受けて岩手県に確認、「女性」が復活した文書に取り替えられた。県の担当者は、県内女性団体の抗議に「もう女性を特記するような時代ではない」などと言ったという。しかし、岩手県が二〇一一年三月に策定した「いわて男女共同参画プラン」では、「男女の不平等感や固定的性別役割分担意識が根強く残っているほか、政策・方針決定過程への女性の参画が不十分であり、仕事と家庭・地域生活の両立に関して理想と現実に差があるなど、様々な課題が残っています」とされている。ここにあるのは、地方政治における男女共同参画政策の位置づけの低さである(もちろん政府においても、こうした構造は存在している)。

エンパワーメントのネットワークを

一方で、厚労省同プロジェクトの「緊急雇用創出事業」について、指定管理者として盛岡市の「もりおか女性センター」を運営するNPO法人「参画プランニング・いわて」は、盛岡市からこれを受託して、被災女性を雇用し、被災地での買い物代行サービスを行っている。この事業は、三月二八日にスタートし、同プロジェクトを策定した厚労省の「被災者等就労支援・雇用創出推進会議」から出てきたものだが、省庁横断的組織とされたこの会議に男女共同参画局は参加しておらず、したがってこの情報は同局のルートからは流れていない。それでも「参画プランニング・いわて」は、この事業を受託できた。盛岡市からこの事業

被災地の女性の雇用創出として始まった買い物代行サービスの「芽でるカー」. 今後起業へと結びつくことが期待されている(2011 年 11 月, 岩手県大槌町, 田中雅子撮影)

の情報を聞いたからだという。

彼女らは、被災前から女性のための起業講座を実施しており、また、市の担当者と良好な関係を保っていた。市側に「関連情報」と気づくことができる素地が、そして女性団体の側に情報を生かして事業に踏み切る力が、それぞれ震災前から培われていたことになる。平時からの男女共同参画への取り組みの質が復興事業を左右することを示唆する例だ。

被災地での復興計画策定においても女性の参画はまったく不十分である（たとえば、復興庁の調査によると、二〇一二年四月現在で、策定委員会のメンバー総計七五一人のうち、女性は八四人だった）。また、中央か地方かを問わず、議会や行政、マスメディアなどにおいても事情は同様で、たとえ「女性の視点」が入っても、それらはたちまち「見えなくさせられて」しまうのである。被災地に入っている多数の支援団体はこのことを知っているだろうか。団体自身はどうなのだろうか。そして、女性たち自身は？　女性は「全日制市民」と言われ、地域生活の主役であった。第一次産業の比重が高い東北でもそれは同じはずである。すでに、農業女性による食堂や農産物加工場設立も行われ、シングルマザーの団体も立ち上がった。そうした女性たちとさらにつながり、情報、ノウハウを共有し、エンパワーメントのネットワークを広げたい。

【コラム4】　まちづくりにジェンダーの視点を

被災した人々が生活再建を成し遂げるまでの全ての過程で、産業復興以上に優先すべきは生きる場所である住居の確保だ。そのためには、避難所から避難先、応急仮設住宅までの生活空間が人間の尊厳を保てるものであること、被災者が被災の悲劇を克服して安定した生活を送り、近隣との共同生活を通して生きがいや喜びを見出せる空間の質と居住支援が必要である。こうした目的のために、「ジェンダー視点からの復興まちづくり」は不可欠だ。

ジェンダー視点からのまちづくりとは、近代の都市・農村計画が「男は仕事、女は家庭」といった性別役割を前提としてきたことに気づき、そのひずみを克服するまちづくりである。「家族を養う働き盛りの男性」を基準にした従来のまちづくりでは、女性が仕事と家庭を両立しにくくする遠距離通勤を強いることになる。また、段差だらけの街路はベビーカーを押す母親にとって歩きにくく、ジェンダー視点を欠いたものだ。こうしたまちは高齢者や障害者にとっても住みにくい。ジェンダー視点のまちづくりは、一九八〇年代に日本の各地で展開され、そこでわかったことは、女性の要求に配慮するだけでなく、生活者や多様な人々、エコロジーの視点でまちを再編し、生活空間の豊かさを実現することであった。

東日本大震災後、被災者の生活と住宅再建、復興まちづくりが焦点になっている。ここでのジェンダー視点の導入は、半数を占める被災女性のニーズに応えるだけではなく、復興後のまちの豊かさの実現につながる。その要は、防災、避難、復興の計画策定と管理運営の全過程に女性が参画し、男性には気づかない生活者の要求を反映させることである。女性や子ども・高齢者・障害者のニーズを反映した項目が、災害救助法や防災計画等に盛り込まれていれば、今回の震災後に、それらが実現したはずだ。具体的には、避難所でのプライバシー確保と防犯、男女別トイレの設置、女性の居場所の確保、防音や防寒・防暑、そして人間関係を考慮して設計された仮設住宅、福祉住宅の拡大やバリアフリー化などの項目である。復興後の公営住宅建設も、女性建築士が参画すれば、高齢者・障害者に配慮した設計が提案されるだろう。

そのためには、復興まちづくり計画策定へ女性を積極的に登用するために、また、避難所・仮設住宅・復興住宅の計画・設計・管理運営に女性が参画しやすくなるように、その一定割合は女性とするクオータ（割り当て）制の導入を、国・自治体の防災計画やガイドライン等に盛り込んでおく必要がある。その場合、生活者としての女性代表と、建築・都市計画・福祉・医療・看護・雇用の分野の専門家としての女性の起用は必須である。

ジェンダー視点を平時のまちづくりで導入していれば、災害時にも効果を発揮する。震災前から「女性参画のまちづくり」に取り組んでいた福島県飯舘村が震災後の仮設住宅管理人に女性を配置したことは、その好例である。震災後の生活の立て直しに、男女が対等に、民主的に参加する「ジェンダー・デモクラシー」のまちづくりが、いまこそ必要だ。

第8章　女性の意思を反映させるために

女性参画小国ニッポン

被災の大変さに男性も女性もない、それなのに、なぜ「女性支援」なのか、という声は、いまも根強くある。だが、これまで明らかにしてきたように、女性は、性別役割分業の中で、家事・育児・介護に代表される生活分野を担わされてきた。こうした「世界の半分」の情報を担う層の参加なしには、生活分野の防災・復興はおろそかになり、災害のダメージからの生活の立て直しが難しい。女性支援とは、女性が声を上げることで、さまざまな生活体験をバランスよく災害対策に反映させられるよう女性を支えること、さらに、これによって社会的少数派を視野に入れた災害・復興政策を導入すること、と言えるだろう。

特に、日本社会では、女性の意思決定への参加が先進国の中では異例とも言えるほど少ない。「日本の女性は強い」「十分モノを言っている」と考える人には、いくつかの国際指標を見ていただきたい。たとえば、ジェンダー・エンパワーメント指数（GEM　女性活躍度指数）という国連の指標がある。二〇一一年発表分から、妊産婦死亡率などによって健康的・文化的生活の男女差を加味したGII（女性不平等指数）に変わっているが、それまでは、このGEMが国会議員や企業の管理職の女性比率、男女の賃金格差を盛り込んだ指標として、政治、経済への意思決定の男女差がどれだけあるかを国別順位表にして、毎年示されて来た。

これでみると、二〇一〇年発表の日本の順位は一〇九カ国中五七位。調査が始まった一九九五年の二七位から、大きく下落している。

世界の有識者が集まるダボス会議の主催団体「世界経済フォーラム」は、ＧＧＩ（男女格差指数）を発表しているが、ここでの順位はさらに低く、二〇一一年発表分で一三五カ国中九八位だ。ＧＧＩはＧＥＭと同じく、女性の意思決定への参加指標を組み込んでいるが、国内総生産（ＧＤＰ）のような国の経済的な豊かさを示す指標を入れていない。そのため、男女格差が豊かさによって下支えされず、その分、先進国の順位が下がりやすい。日本のように、意思決定度の男女差が極端な経済大国は、欠点が出やすいのがＧＧＩということもできる。

防災会議委員に女性ゼロの都県も

このように、日本は、女性が無償、または低賃金で福祉労働に携わることで福祉費用を下げ、社会保障費を抑え込むことでやってきた社会だ。こうした女性を、男性はめいっぱいの長時間労働で扶養することを義務づけられてきた。それが、「女性の意思決定参加度が極端に低い経済大国」を作り上げたともいえる。そうした構造は、防災計画や復興計画の決定機関にも表れている。

たとえば、東日本大震災の直後、政府は、被災した地域の復興のあり方について内閣総理大臣の諮問に応じて調査・審議し、政府の復興指針に対して提言を行うとして、「東日本大震災復興構想会議」を立ち上げた。学者、被災県の知事、建築家、作家、ジャーナリストなどの有識者で構成されたが、一五人の委員のうち、女性は脚本家の内館牧子さん一人だけだった。

防災への女性参加については、第6、7章にもあるように政府の男女共同参画基本計画にも盛り込まれている。この策定に携わった女性有識者たちの中には、大震災後にいちはやく現地入りし、その事情を聞き取った人たちもいた。だが、復興構想会議には、そうした情報を持つ人々は参加できなかった。

被災三県の復興会議でも、女性の参加は一～二人にとどまった。人口の半分を占めるはずの女性のあまりの少なさへの批判が盛り上がったが、二〇一二年四月の政府の調査では、国の中央防災会議で女性は二七人中二人、防災対策推進検討会議では二〇人中五人と、わずかだ。女性委員ゼロの都府県は震災前の一二から六に減ったが、女性ゼロの六都県には首都東京が含まれ、また、全国の委員総数のうち女性比率は、なお七・二%にすぎない。外部有識者を含む復興計画策定委員会などを設けている三八市町村でも、女性委員の割合は七五一人中八一人、一一・二%にとどまっている。

原因として、団体の長を委員とする委員会が多く、こうした地位の女性が極めて少ないことが、女性比率を引き下げているといわれる。また、防災には、「女性や子どもを救いに駆けつけるスーパーマンのような存在が必要」というイメージが根強く、これが男性優位を招いているのではないかとの見方もある。だが、災害が大きければ大きいほど、実際の防災・復興計画は、生活の立て直しが主体となることは、本ブックレットの読者は、すでにおわかりだろう。そのためには、生活を担う女性の発言のパイプがふさがれているに等しい今の状況を変えることが不可欠だ。

リストアップ運動と女性防災会議

当面の策として東日本大震災女性支援ネットワークが提案しているのは、それぞれの地域の防災会議にふさわしい女性の有識者のリストアップを、女性たちの手で行うことだ。

自治体の防災関係の会合に女性の登用を求めても「人材がいない」と一蹴されることもあるという。それなら、人材がいることを示すしかない。地域の女性グループが核になって、女性問題に詳しく、震災支援なども行っている研究者や女性団体代表などをさがし、そのリストをつくることが第一段階だ。次に、そのリストを持って、首長などとの交渉の機会をつくる。その際に、実現が難しい理由を聞き出し、首長が前向きなタイプなら、住民の力で解決できる部分があるかどうかを首長に聞き、協力できる部分は協力していくことも必要だ。

対応が後ろ向きの場合は、リストアップした人材を核に「女性防災会議」をつくってしまう手もある。この会議で勉強を重ね、地域の防災計画の点検や、不足分の提言を練り上げ、地元議員などを通じて議会で質問を行ってもらったり、防災計画の変更を求めたりしていく。

この提案は、ノルウェーで企業の取締役の女性比率を四割にまで引き上げるときに、政府が用いた作戦をヒントにした。「取締役になれる女性の人材がいない」と渋る企業の幹部に対し、政府はホームページに「女性の取締役候補になりうる女性のリスト」を掲載し、社外取締役にこうした女性を採用することで比率を上げられると提案したからだ。

こうして地域に女性の声を反映する防災のためのネットワークをつくっていくことは、いざ災害が起きたとき、女性の抱えている困難を外に発信し、女性固有のニーズや支援を求めるためにも役立つ。今回の震災で、女性特有の要望を発見できたのは、震災前に被災地域で活動していたシングルマザーのネットワークや、ＤＶ被害者の支援グループ、男女共同参画センターのすぐれた職員などの存在があったからだ。これらが災害時に地域外の女性グループのアクセス先になり、案内人として、被災地内の女性に起きていることや、必要としていることを知らせてくれたことが、女性支援の大きな力になった。

二〇〇三年、日本でも、二〇二〇年までに重要な地位の女性を三割にするよう政府が目標を掲げ、「女性の参加なき経済発展」を遂げてきた日本社会の歪みをただそうという取り組みも、始まっている。人口の半分の知恵や情報を生かせない社会に、バランスのいい発展はない。多くの国は、それに気づいて、議員や管理職のうちの一定比率を女性に割り当てるクオータ制を導入するなどして、女性の発言権を保障した。今では国会議員に何らかのクオータ制を取り入れている国は約一〇〇カ国にのぼるという。日本の女性活躍度指数の順位が下がり続けていったのは、こうした波から取り残されたからだ。

震災後の復興を真剣に考えるなら、「世界の半分」の情報のとりこぼしによるツケの大きさを直視し、防災会議だけでなく、さまざまな分野での女性の発言権を確保する措置は不可欠だ。だが、そんな動きがまだ鈍い現状では、女性たちがまず、地域から足固めをしていくしかない。そのための第一歩として、「女性たちのリストアップ運動」から始めてみてはどうだろう。その動きを、他の社会的少数派の参加へと広げていくことができれば、より豊かで効率的な防災・復興につながるはずだ。

おわりに

赤石千衣子

災害支援復興に女性の視点が不可欠であることを、様々な現実から見てきた。

今も東日本大震災の被災地では経済が低迷し、暮らしに光が見えない状況が続いているという。阪神・淡路大震災の経験によると、被災の影響は長期におよぶ可能性がある。経済的な落ち込みは、震災後数年たってから悪化するという経験も伝えられている（「震災九年被災者アンケート」『神戸新聞』二〇〇四年一月一五日付）。そして災害の影響は平等に訪れるわけではない。

岩手県内のシングルマザーへの聞き取り調査をした「インクルいわて」（震災後に発足したひとり親支援団体）によると、もともと沿岸部などではひとり親に対する偏見や差別が根強いうえに、失業や精神的なトラウマ、人間関係の悪化、子どもの学習環境の激変などがあり、背負いきれないほどの困難を抱えているという。また内陸に避難した人も孤立し苦しんでいる。

女性やひとり親、障害者、高齢者などに災害の影響が過酷にあらわれることは、これまでの記述でも明らかだ。世の中の関心が徐々に失われつつある今だからこそ、被災地の復興において、女性の視点をはじめとする多様な人々の視点をどのように生かすのかが問われている。

私たち東日本大震災女性支援ネットワークは、被災現地の女性団体と連携・支援しながら、政府の復興政策に女性の視点を入れるよう働きかけ、女性の雇用問題でも政府に要望を届けるなどの活動を行ってきた。同時に、被災地の支援者に対する調査や女性に対する暴力についての調査を行い発信してきた。その成果は少しずつではあるが上がってきている。

確かに、阪神・淡路大震災のときより、災害支援や復興政策に女性の視点を入れるべきだという考えは広まってきている。内閣府など中央の行政も部分的にではあれ、それなりの取り組みをした。しかし、政府が被災地に衝立を送っても現地で使用されなかった事例をみても、被災現地で、女性の視点を生かすことはまだ難しい。だから、被災現地で女性の視点が生かされたかといえば、残念ながら「ＮＯ」と言わざるをえない。平時にできないことは、災害時にはなおさらできない。私たちは、このことを念頭において、災害支援・復興政策・防災対策に女性の視点を入れるべく、政策提言を各自治体に働きかけることを呼びかけたい。そのときに、本ブックレットと冊子『こんな支援が欲しかった！――現場に学ぶ、女性と多様なニーズに配慮した災害支援事例集』(http://risetogetherjp. org/?p=2189 からダウンロード可)を生かしていただければ幸いである。防災計画に男女共同参画の視点を入れるための研修プログラムも活用できるだろう。

もうひとつ指摘したいことがある。本ブックレットではあまり触れられなかったが、これからの災害は、残念ながら原発など核施設関連事故を併発する可能性が高いことが認識された。各種世論調査でも多数が原発ゼロを志向している。そうした意向を、どう政治が汲み取るかが問われている。これまでのしがらみから比較的自由で、かつ生活の場に近い女性たちが大きな存在感を示して、社会を変えるべく活動している。避難している母親たちも声をあげ、また福島の女たちも様々な取り組みを行っている。女性は、災害から影響を受けるとともに、社会を変える主体でもある。

【付録】女性の視点からの避難所づくりマニュアル

女性の視点からみた避難生活の課題と先駆的な自治体の事例などを踏まえ、避難所運営に求められる内容を示した。なお、大規模災害を想定した場合、避難所は住民による主体的な運営が基本である。自治体職員や施設管理者は、事前に住民参加で決めたルールをもとに、被災者による運営が早期に成立するように促す必要があり、そのためにもマニュアルが不可欠である。

そして、自治体職員は医療・福祉・心のケア等の専門支援が必要なニーズ対応にあたったり、学校教職員は子どもの心のケアや学校の早期再開準備に携わることができるようにすべきである。地域の男女共同参画センターや女性センターを災害時の主要な機関のひとつとして位置づけ、女性のニーズにこたえる物資を日常的に備蓄し、「帰宅難民」女性の一時的受け入れや、地域の避難所の窓口とは別にＤＶ相談などの相談窓口やシェルターとしての機能を果たすようにする。

1　避難所の運営体制と女性の参画の明記

住民・行政・施設管理者による、避難所運営委員会／連絡会などを日常から設置し、委員や役員に女性が三割以上参画すること。

2　マニュアルの策定と定期的な見直しへの女性などの声の反映

日常から施設の使用方法と運営ルールについて話し合い、避難所開設・運営マニュアルとして明文化すること。マニュアル策定の際には、女性・子ども・障害者（タイプ別）・高齢者・外国人・性的マイノリティ等の意見を必ず聴くこと。マニュアルは、訓練や会議のプロセスで定期的に内容を見直し、改訂を行うこと。

3　避難所開設・運営マニュアルに入れるべき項目

①施設の空間利用ルール

□男女別の仮設トイレの設置場所（できれば女性用のトイレ割合を増やす）

□多目的トイレの確保もしくは設置（障害者や要介助者優先）

□女性の着替えや授乳等が可能なスペース

□乳幼児のいる家庭用のスペース

□男女別の要援護者のための優先スペース

□間仕切りの準備と早期設置

□女性専用の洗濯物干し場の設置（場所が無い場合テント等で応用）

□子ども専用のスペース（遊び場や学習の場）

□盲導犬・聴導犬・介助犬の取り扱い（身体障害者補助犬法に基づき対応するよう規定し、障害者のそばにいられるようにする）

□女性・子どもの安全対策（照明の確保や設置位置の配慮、トイレの安全性確保、暗がりや地下などの犯罪が起こりやすそうな場所の立ち入り禁止措置など）

□物資の保管場所

②運営面で組みこんでおくべきこと

□女性・子ども・障害者などの個別ニーズ・意見の把握体制と改善方法（対象別に担当を決めて直接ニーズを聴きとる、アンケートを取るなど）

□女性用物資の配布方法・女性による配布体制づくり（保管場所・担当など）

□衛生管理方法と清掃の分担（男女問わずみんなで分担し、負担を集中させない）

□避難者のための食事の準備・片付けの分担（性別にかかわらず分担し、負担を集中させない）

□避難者カードの作成・保管と、個人情報の取り扱いルールの周知徹底（大規模災害時にはコピー機や印刷機が使えないことが予想されるため、カードは事前に作り、印刷して取り出しやすい場所に保管。名簿には、外部からの問い合わせに対して、氏名を公表してよいか確認する欄を設け、公表を望まない場合は、避難所名簿の貼り出しを控えたり問い合わせに応じないという対応を確認）

□女性・子どもの安全に関する対応・相談窓口情報の被災者への提供（危険個所の点検、出入りする施設管理者やボランティアの名札・腕章の使用を義務づける。女性用トイレに警察やDV相談などの相談窓口情報を貼りだしておく、女性の相談員や医療職が連携して心身の巡回相談を行う、性暴力・ハラスメント問題が起きた場合は、プライバシーに配慮して相談員が個室で相談に応じられるよう配慮する、など）

□在宅避難者（特に要援護者）への水・食事・生活必需品の提供方法（要援護者は給水の困難、調理の困難に直面するため優先的支援が必要。また、長期間にわたり生活インフラが回復せず、近隣商店での商品供給が難しい場合、要援護者以外の在宅避難者からの食事やおむつ・ミルクなどの生活必需品のニーズにも、応える必要性が生じる）

□子どもの預かり支援（被災した親同士の連携と地域やボランティアの協力を視野に）

□総合的な避難生活・生活再建関連の情報の提供（特に高齢者や障害者、外国人が情報面で不利益を被らないよう工夫する）

□ペットの取り扱い（つないでおく場所などの選定など）

4　福祉避難所にも女性専用スペースを設け、希望する要援護者に提供できるようにすること。

5　避難所となる施設の使い方や耐震化を検討するにあたっては、まずバリアフリー化・ユニバーサルデザイン化を進め、多目的トイレを最低一カ所は設置すること（災害時には女性や性的マイノリティの人の着替え・清拭スペースなどにも利用可能）。また、マンホールトイレの設置や仮設トイレの備蓄を進め、救急車両の出入りが可能かなど、施設利用の実際を具体的に点検すること。

6　その他

感染症の抑制やプライバシー確保、混雑緩和のため、自宅が無事な人については、自宅に戻っても生活できるように、避難所へ食事や生活必需品・情報を取りに来られる仕組みを作った上で、自宅へ戻るよう促すことも視野に入れる必要がある。

《執筆者》
竹信三恵子(たけのぶ みえこ)
【「はじめに」，第 3，8 章担当】
赤石千衣子(あかいし ちえこ)
【第 4 章，「おわりに」担当】
八幡悦子(やはた えつこ)
NPO 法人ハーティ仙台代表理事，みやぎジョネット元代表．共著に『大人になる前のジェンダー論』(はるか書房)，『女たちが動く――東日本大震災と男女共同参画視点の支援』(生活思想社)．【第 1 章担当】
正井禮子(まさい れいこ)
NPO 法人ウィメンズネット・こうべ代表理事．1949 年生まれ．阪神・淡路大震災発生時に女性支援ネットワークを立ち上げ活動．HP「災害と女性」情報ネットワーク開設．『女たちが語る阪神・淡路大震災』『災害と女性』(いずれもウィメンズネット・こうべ編)を発行．【第 2 章担当】
ゆのまえ知子(ゆのまえ ともこ)
サポート・グループ研究会メンバー．1992 年，有志と DV 調査研究会を発足させ，日本初の DV 全国調査実施．以後，自治体等の DV 調査や啓発パンフ作成に関わる．論文に「日本における先駆的反 DV 運動」(戒能民江編『ドメスティック・バイオレンス防止法』所収．尚学社)など．【第 2 章担当】
池田恵子(いけだ けいこ)
静岡大学教育学部教授．1966 年生まれ．一橋大学大学院社会学研究科博士後期課程単位取得退学．青年海外協力隊，JICA 技術協力専門家などを経て現職．南アジア地域研究，社会地理学を専攻．【第 5 章担当】
浅野幸子(あさの さちこ)
早稲田大学「地域社会と危機管理研究所」客員研究員．1973 年生まれ．法政大学大学院社会科学政策科学専攻修士課程修了．著書に『あなた自身と家族，本当に守れますか？ 女性×男性の視点で総合防災力アップ』(財団法人日本防火協会)など．【第 6 章，付録担当】
皆川満寿美(みながわ ますみ)
大学非常勤講師・東京大学社会科学研究所特任研究員．1961 年生まれ．共著に『「ジェンダー」の危機を超える！』(青弓社)．【第 7 章担当】
柘植あづみ(つげ あづみ)
明治学院大学教員．1960 年生まれ．女性の安全と健康のための支援教育センター理事．著書に『妊娠を考える――〈からだ〉をめぐるポリティクス』(NTT 出版)など．【コラム 1 担当】
山下 梓(やました あずさ)
ゲイジャパンニュース共同代表．1983 年生まれ．新潟大学法学部を卒業後，人権市民会議などを経て，岩手大学特任研究員．共訳書に『女性への暴力防止・法整備のための国連ハンドブック――政府・議員・市民団体・女性たち・男性たちに』(国際連合女性の地位向上部)など．【コラム 2 担当】
瀬山紀子(せやま のりこ)
DPI 女性障害者ネットワークメンバー．1974 年生まれ．論文に「障害女性の貧困から見えるもの」(臼井久実子との共著，松井彰彦他編『障害を問い直す』所収，東洋経済新報社)など．【コラム 3 担当】
中島明子(なかじま あきこ)
和洋女子大学生活科学系長・教授．1946 年生まれ．専門は居住学．建築・都市計画分野のジェンダー，居住福祉に関する研究など．著書に『イギリスの住居管理――オクタヴィア・ヒルからサッチャーへ』(東信堂)，『東京をどうするか――福祉と環境の都市構想』(共著，岩波書店)など．【コラム 4 担当】

竹信三恵子

ジャーナリスト，和光大学教授．1953 年生まれ．朝日新聞経済部記者，編集委員兼論説委員などを経て，2011 年 4 月から現職．著書に『女性を活用する国，しない国』(岩波ブックレット)，『ルポ雇用劣化不況』(岩波新書)，『ミボージン日記』(岩波書店)，『しあわせに働ける社会へ』(岩波ジュニア新書)，『ルポ賃金差別』(ちくま新書)など．

赤石千衣子

しんぐるまざあず・ふぉーらむ理事長．1955 年生まれ．ふぇみん婦人民主新聞編集長を経て現職．著書に『シングルマザーのあなたに』(編著，現代書館)，『「ジェンダー」の危機を超える！』(共編著，青弓社)など．

東日本大震災女性支援ネットワーク

共同代表：竹信三恵子，中島明子
世話人：赤石千衣子，正井礼子，山下梓，斎藤文栄
連絡先：メール office@risetogetherjp.org
　　　　ホームページhttp://www.risetogetherjp.org
住所：〒113-0023 東京都文京区向丘1-7-8
振込先：郵便振替 10110-48151381
　　　　または，ゆうちょ銀行〇一八店(ゼロイチハチテン)
　　　　普通口座 4815138

災害支援に女性の視点を！　　岩波ブックレット 852

2012 年 10 月 5 日　第 1 刷発行

編　者　竹信三恵子《たけのぶみえこ》　赤石千衣子《あかいしちえこ》

発行者　山口昭男

発行所　株式会社 岩波書店
〒101-8002 東京都千代田区一ツ橋 2-5-5
電話案内 03-5210-4000　販売部 03-5210-4111
ブックレット編集部 03-5210-4069
http://www.iwanami.co.jp/hensyu/booklet/

印刷・製本　法令印刷　　装丁　副田高行　　表紙イラスト　藤原ヒロコ

ISBN 978-4-00-270852-2　　Printed in Japan